# Agatha Christie



# MORTE NA PRAIA

*Tradução de* RODRIGO BREUNIG

www.lpm.com.br

L&PM POCKET

Coleção **L&PM** POCKET, vol. 1133

Texto de acordo com a nova ortografia.
Título original: *Evil Under the Sun*

Primeira edição na Coleção **L&PM** POCKET: dezembro de 2013
Esta reimpressão: janeiro de 2023

*Tradução*: Rodrigo Breunig
*Capa*: designedbydavid.co.uk © HarperCollins/Agatha Christie Ltd. 2008
*Preparação*: Patrícia Yurgel
*Revisão*: Jó Saldanha

CIP-Brasil. Catalogação na publicação
Sindicato Nacional dos Editores de Livros, RJ.

---

C479m

Christie, Agatha, 1890-1976
Morte na praia / Agatha Christie; tradução Rodrigo Breunig. – Porto Alegre, RS: L&PM, 2023.
272 p. ; 18 cm. (L&PM POCKET, v. 1133)

Tradução de: *Evil Under the Sun*
ISBN 978-85-254-3015-1

1. Ficção inglesa. I. Breunig, Rodrigo. II. Título. III. Série.

13-05600 CDD: 823
CDU: 821.111-3

---


Rua Comendador Coruja, 314, loja 9 – Floresta – 90.220-180
Porto Alegre – RS – Brasil / Fone: 51.3225.5777

Pedidos & Depto. Comercial: vendas@lpm.com.br
Fale conosco: info@lpm.com.br
www.lpm.com.br

Impresso na Gráfica e Editora Pallotti, Santa Maria, RS, Brasil
Verão de 2023

# Agatha Christie
# (1890-1976)

Agatha Christie é a autora mais publicada de todos os tempos, superada apenas por Shakespeare e pela Bíblia. Em uma carreira que durou mais de cinquenta anos, escreveu 66 romances de mistério, 163 contos, dezenove peças, uma série de poemas, dois livros autobiográficos, além de seis romances sob o pseudônimo de Mary Westmacott. Dois dos personagens que criou, o engenhoso detetive belga Hercule Poirot e a irrepreensível e implacável Miss Jane Marple, tornaram-se mundialmente famosos. Os livros da autora venderam mais de dois bilhões de exemplares em inglês, e sua obra foi traduzida para mais de cinquenta línguas. Grande parte da sua produção literária foi adaptada com sucesso para o teatro, o cinema e a tevê. *A ratoeira*, de sua autoria, é a peça que mais tempo ficou em cartaz, desde sua estreia, em Londres, em 1952. A autora colecionou diversos prêmios ainda em vida, e sua obra conquistou uma imensa legião de fãs. Ela é a única escritora de mistério a alcançar também fama internacional como dramaturga e foi a primeira pessoa a ser homenageada com o Grandmaster Award, em 1954, concedido pela prestigiosa associação Mystery Writers of America. Em 1971, recebeu o título de Dama da Ordem do Império Britânico.

Agatha Mary Clarissa Miller nasceu em 15 de setembro de 1890 em Torquay, Inglaterra. Seu pai, Frederick, era um americano extrovertido que trabalhava como corretor da Bolsa, e sua mãe, Clara, era uma inglesa tímida. Agatha, a caçula de três irmãos, estudou basicamente em casa, com tutores. Também teve aulas de canto e piano, mas devido ao temperamento introvertido não seguiu carreira artística. O pai de Agatha morreu quando ela tinha onze anos, o que a aproximou da mãe, com quem fez várias viagens. A paixão por conhecer o mundo acompanharia a escritora até o final da vida.

Em 1912, Agatha conheceu Archibald Christie, seu primeiro esposo, um aviador. Eles se casaram na véspera do Natal de 1914 e tiveram uma única filha, Rosalind, em 1919. A carreira literária de Agatha – uma fã dos livros de suspense do escritor inglês Graham Greene – começou depois que sua irmã a desafiou a escrever um romance. Passaram-se alguns anos até que o primeiro livro da escritora fosse publicado. *O misterioso caso de Styles* (1920), escrito próximo ao fim da Primeira Guerra Mundial, teve uma boa acolhida da crítica. Nesse romance aconteceu a primeira aparição de Hercule Poirot, o detetive que estava destinado a se tornar o personagem mais popular da ficção policial desde Sherlock Holmes. Protagonista de 33 romances e mais de cinquenta contos da autora, o detetive belga foi o único personagem a ter o obituário publicado pelo *The New York Times*.

Em 1926, dois acontecimentos marcaram a vida de Agatha Christie: a sua mãe morreu, e Archie a deixou por outra mulher. É dessa época também um dos fatos mais nebulosos da biografia da autora: logo depois da separação, ela ficou desaparecida durante onze dias. Entre as hipóteses figuram um surto de amnésia, um choque nervoso e até uma grande jogada publicitária. Também em 1926, a autora escreveu sua obra-prima, *O assassinato de Roger Ackroyd*. Este foi seu primeiro livro a ser adaptado para o teatro – sob o nome *Álibi* – e a fazer um estrondoso sucesso nos teatros ingleses. Em 1927, Miss Marple estreou como personagem no conto "O Clube das Terças-Feiras".

Em uma de suas viagens ao Oriente Médio, Agatha conheceu o arqueólogo Max Mallowan, com quem se casou em 1930. A escritora passou a acompanhar o marido em expedições arqueológicas e nessas viagens colheu material para seus livros, muitas vezes ambientados em cenários exóticos. Após uma carreira de sucesso, Agatha Christie morreu em 12 de janeiro de 1976.

*PARA JOHN*

*Em memória da nossa última*
*temporada na Síria.*

# Sumário

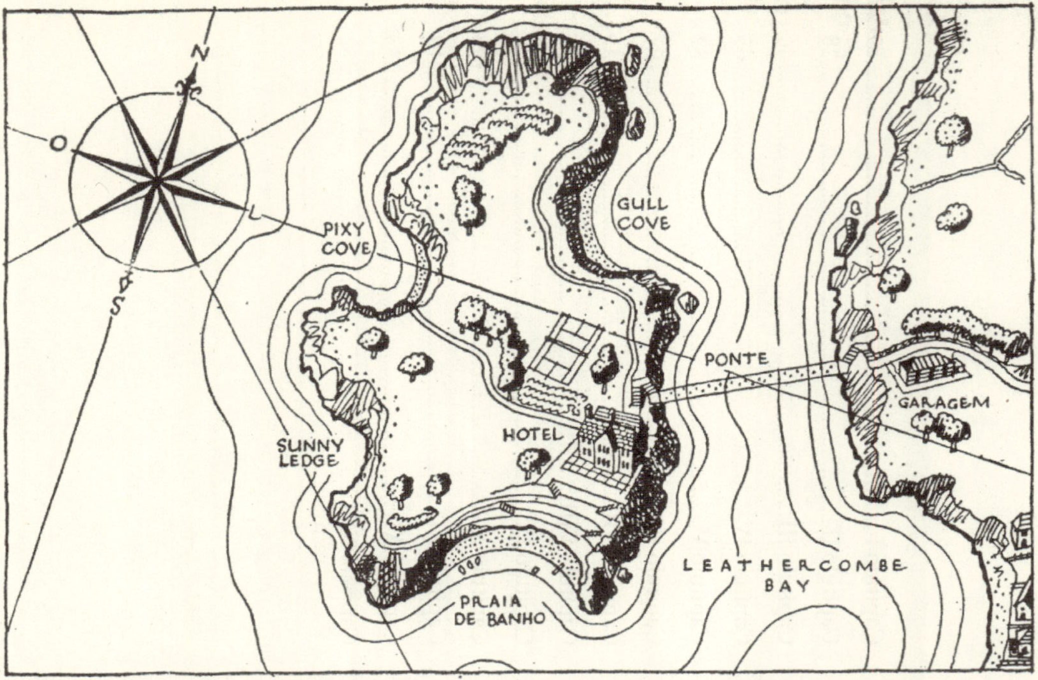
N
O
L
S
PIXY
COVE
GULL
COVE
PONTE
GARAGEM
HOTEL
SUNNY
LEDGE
PRAIA
DE BANHO
LEATHERCOMBE
BAY

# Capítulo I

## I

Quando o capitão Roger Angmering construiu para si uma casa na ilha ao largo de Leathercombe Bay no ano de 1782, isso foi considerado o cúmulo da excentricidade por parte dele. Um homem de boa família como ele deveria ter erguido uma mansão decorosa em amplas pradarias, talvez com um riacho e boa pastagem.

Mas o capitão Roger Angmering tinha um único grande amor, o mar. De modo que ele construiu sua casa – uma casa robusta, como precisava ser – no pequeno promontório varrido pelo vento e assombrado por gaivotas que ficava isolado da costa durante a maré alta.

Ele não se casou, o mar foi a sua primeira e última esposa, e com sua morte a casa e a ilha passaram para um primo distante. Esse primo e seus descendentes não deram muita importância ao legado. Suas próprias terras foram minguando, e os herdeiros se tornaram cada vez mais pobres.

Em 1922, quando o grande culto das férias na Orla Marítima finalmente se estabeleceu e o litoral de Devon e da Cornualha já não era considerado quente demais no verão, Arthur Angmering descobriu que sua vasta e inconveniente casa georgiana era invendável, mas obteve um bom preço pela extravagante propriedade adquirida pelo navegador capitão Roger.

A robusta casa foi ampliada e embelezada. Um passadiço de concreto foi fixado entre a ilha e o continente. "Passeios" e "recantos" foram projetados e talhados ao redor da ilha toda. Havia duas quadras de tênis, terraços ensolarados que levavam a uma pequena baía embelezada por jangadas e trampolins. O Jolly Roger Hotel, em Smugglers' Island, Leathercombe Bay, triunfantemente ganhou vida. E de junho a setembro (com uma curta temporada na Páscoa) o Jolly Roger Hotel ficava quase sempre lotado até o sótão. O hotel foi ampliado e reformado em 1934, com o acréscimo de um bar, uma sala de jantar maior e alguns banheiros adicionais. Os preços subiram.

As pessoas diziam:

– Vocês já estiveram em Leathercombe Bay? Tem um hotel maravilhoso por lá, numa espécie de ilha. Muito confortável e nada de excursionistas ou *char-à-bancs.** Boa comida e tudo mais. Vocês deveriam ir.

E as pessoas de fato iam.

## II

Havia uma pessoa muito importante (em sua opinião, pelo menos) hospedada no Jolly Roger. Hercule Poirot, resplandecente num terno de linho branco, com um chapéu-panamá inclinado por sobre os olhos, seu bigode magnificamente enrolado, recostava-se numa espécie de espreguiçadeira aperfeiçoada e inspecionava a praia de banho. Uma série de terraços descia do hotel até a praia. Na praia propriamente dita podiam ser vistos pedalinhos, boias, botes de borracha e de lona, bolas e brinquedos de borracha. Havia um comprido trampolim e três jangadas a distâncias variadas da margem.

Quanto aos banhistas, alguns estavam no mar, alguns pegavam sol estendidos na praia e outros se untavam cuidadosamente com óleo bronzeador.

No terraço imediatamente acima, os que não se

---

* Veículo para passeios turísticos. (N.E.)

banhavam se mantinham sentados e comentavam sobre o clima, sobre o cenário à frente deles, sobre as notícias dos jornais matutinos e sobre qualquer outro assunto que os interessasse.

À esquerda de Poirot, um fluxo incessante de conversação jorrava em suave tonalidade uniforme dos lábios da sra. Gardener, e ao mesmo tempo suas agulhas estalavam enquanto ela tricotava vigorosamente. Depois dela, seu marido, Odell C. Gardener, recostava-se numa cadeira de lona, o chapéu inclinado em cima do nariz, ocasionalmente proferindo uma breve afirmação quando necessário.

À direita de Poirot, a srta. Brewster, uma mulher durona e atlética com cabelo grisalho e um agradável rosto curtido pelo tempo, fazia comentários rudes. O resultado soava quase como se um cão pastor, com seus breves latidos estentóreos, interrompesse os intermináveis ganidos de um lulu-da-pomerânia.

A sra. Gardener ia dizendo:

– E então eu falei para o sr. Gardener: ora essa, eu disse, visitar pontos turísticos é ótimo, e eu gosto mesmo de conhecer todos os cantos de um lugar. Mas, afinal de contas, eu disse, nós já conhecemos muito bem todos os cantos da Inglaterra e tudo que eu quero agora é arranjar algum lugar sossegado junto ao mar e simplesmente relaxar. Foi o que eu disse, não foi, Odell? Simplesmente *relaxar*. Sinto que eu preciso relaxar, eu disse. Foi isso, não foi, Odell?

O sr. Gardener murmurou por trás do chapéu:

– Sim, querida.

A sra. Gardener insistiu no tema:

– E assim, quando eu mencionei isso ao sr. Kelso, da Cook's – ele organizou todo o itinerário para nós e tem sido *muitíssimo* prestativo em todos os sentidos; eu realmente não sei o que teríamos feito sem ele! –, bem, como eu estava dizendo, quando mencionei isso para ele, o sr. Kelso disse que o melhor que poderíamos fazer era vir para cá. Um lugar mais do que pitoresco, ele disse, um tanto afastado do mundo, e ao mesmo tempo muito confortável e muitíssimo exclusivo em todos os sentidos. E é claro que o sr. Gardener se intrometeu nesse momento e falou: "E quanto às instalações sanitárias?". Isso porque, o senhor pode acreditar em mim, Monsieur Poirot, uma irmã do sr. Gardener se hospedou certa vez numa casa de hóspedes, no mais exclusivo coração das charnecas, mas o senhor mal acreditaria em mim, *nada mais do que um banheiro seco*! Então, naturalmente, isso fez com que o sr. Gardener ficasse desconfiado desses lugares afastados do mundo, não foi isso mesmo, Odell?

– Ora, sim, querida – respondeu o sr. Gardener.

– Mas o sr. Kelso nos tranquilizou de imediato. O saneamento, ele disse, era absolutamente o que havia de mais moderno, e a comida era excelente. E eu tenho certeza de que é isso mesmo. E o que eu gosto é que é *intime*, se vocês entendem o que eu quero dizer. Sendo este um lugar pequeno, todos conversamos uns com os outros e todos se conhecem. Se existe algum defeito nos britânicos, é que eles tendem a ser um pouco frios e distantes até conhecerem você por alguns anos. Depois disso, ninguém conseguiria ser mais simpático. O sr. Kelso disse que pessoas interessantes vinham para cá, e eu vejo que ele estava certo. Temos o senhor, Monsieur Poirot, e a srta. Darnley. Ah! Eu quase morri de tanta empolgação quando descobri quem era o senhor, não foi isso mesmo, Odell?

– Isso mesmo, querida.

– Ah! – exclamou a srta. Brewster, numa intervenção explosiva. – Que grande emoção, hein, Monsieur Poirot?

Hercule Poirot levantou as mãos em desaprovação. Mas não foi mais do que um gesto polido. A sra. Gardener foi em frente com suavidade:

– Sabe, Monsieur Poirot, Cornelia Robson, que estava em Badenhof, me falou muito a seu respeito. O sr. Gardener e eu estivemos em Badenhof em maio. E é claro que Cornelia nos contou tudo sobre aquele negócio no Egito, quando Linnet Ridgeway foi assassinada. Ela disse que o senhor foi maravilhoso, e eu sempre fui simplesmente louca por conhecer o senhor, não é mesmo, Odell?

– Sim, querida.

– E depois a srta. Darnley, também. Eu compro muitas coisas na Rose Mond's e é claro que ela *é* a própria Rose Mond, não é? Acho que as roupas dela são as mais elegantes. Uma linha tão maravilhosa. Aquele vestido que eu usei na noite passada era um vestido dela. Ela é simplesmente uma mulher encantadora em todos os sentidos, eu acho.

Do outro lado da srta. Brewster, o major Barry, que se mantivera com seus olhos protuberantes grudados nos banhistas, grunhiu:

– Moça de aparência distinta!

A sra. Gardener estalou suas agulhas.

– Eu preciso lhe confessar uma coisa, Monsieur Poirot. Senti um certo *sobressalto* ao encontrá-lo aqui... não que eu não tivesse ficado um tanto empolgada por conhecê-lo, porque fiquei. O sr. Gardener sabe disso. Mas é que simplesmente me ocorreu que o senhor pudesse estar aqui, bem... *profissionalmente*. O senhor entende o que eu quero dizer? Bem, é que eu não passo de uma pessoa terrivelmente sensível, como poderá lhe dizer o sr. Gardener, e eu simplesmente não seria capaz de aguentar se eu fosse envolvida num crime de qualquer tipo. Sabe...

O sr. Gardener limpou a garganta. Ele disse:

– Veja bem, Monsieur Poirot, a sra. Gardener é muito sensível.

As mãos de Hercule Poirot voaram no ar.

– Mas permita que eu lhe garanta, madame, que estou aqui meramente da mesma maneira que vocês estão... para me divertir um pouco... para passar as férias. Não chego nem mesmo a pensar em crimes.

A srta. Brewster falou de novo, soltando o seu breve latido áspero:

– Nada de corpos em Smugglers' Island.

Hercule Poirot disse:

– Ah! Mas isso não é estritamente verdadeiro – e ele apontou para baixo. – Observem as pessoas lá em baixo, deitadas em fileiras. O que é que elas são? Não são homens e mulheres. Não há nada de pessoal nelas. Elas são apenas... corpos!

O major Barry disse, apreciativo:

– Umas jovenzinhas atraentes, algumas delas. Um pouco magras demais, talvez.

Poirot exclamou:

– Sim, mas qual é o atrativo disso? Qual é o mistério? Quanto a mim, eu sou velho, pertenço às velhas tradições. Quando eu era novo, a gente mal via um tornozelo. O vislumbre de uma anágua vaporosa, que fascínio! A suave protuberância da panturrilha... um joelho... uma liga com laços de fita...

– Safado, safado! – disse o major Barry, rouco.

– São muito mais sensatas as coisas que nós vestimos hoje em dia – disse a srta. Brewster.

– Ora, é claro, Monsieur Poirot – disse a sra. Gardener. – Eu acho mesmo, sabe, que as moças e os rapazes de hoje levam uma vida muito mais natural e saudável. Eles simplesmente brincam à vontade, e eles... bem, eles... – a sra. Gardener corou ligeiramente, pois tinha uma mente delicada – eles não dão nenhuma importância para *isto*, se o senhor me entende.

– Eu entendo, sem dúvida – disse Hercule Poirot. – É deplorável!

– Deplorável? – guinchou a sra. Gardener.

– Eliminar todo o romance... todo o mistério! Nos dias de hoje, tudo está *padronizado*! – ele agitou a mão na direção das figuras reclinadas. – Isso me lembra bastante o necrotério de Paris.

– Monsieur Poirot!

A sra. Gardener estava escandalizada.

– Corpos... dispostos em lajes... como carne de açougue!

– Mas, Monsieur Poirot, essas não seriam palavras exageradas?

Hercule Poirot admitiu:

– Pode ser que sim, talvez.

– Seja como for – a sra. Gardener tricotava com energia –, inclino-me a concordar com o senhor em um ponto. Essas moças que ficam deitadas desse jeito no sol vão acabar tendo pelos nas pernas e nos braços. Eu já disse isso para Irene, que é a minha filha, Monsieur Poirot. "Irene", eu disse para ela, "se ficar deitada desse jeito no sol você vai ficar toda cheia de pelos, pelos nos seus braços e pelos nas suas pernas e pelos no seu peito, e aí o que é que você vai ficar parecendo?" Eu disse isso para ela. Não disse, Odell?

– Sim, querida – disse o sr. Gardener.

Todos ficaram em silêncio, talvez imaginando como ficaria Irene quando o pior ocorresse.

A sra. Gardener enrolou seu tricô e disse:

– Eu fico pensando...

O sr. Gardener falou:

– Sim, querida?

Ele se levantou com esforço da cadeira de lona, pegou o tricô e o livro da sra. Gardener e perguntou:

– Que tal juntar-se a nós para uma bebida, srta. Brewster?

– Agora não, obrigada.

Os Gardener subiram para o hotel.

A srta. Brewster comentou:

– Os maridos americanos são maravilhosos!

## III

O lugar da sra. Gardener foi tomado pelo reverendo Stephen Lane. O sr. Lane era um clérigo alto e vigoroso com cinquenta e poucos anos. Seu rosto era bronzeado, e suas calças de flanela de tom cinza-escuro tinham um aspecto desleixado e desonroso. Ele disse com entusiasmo:

– Uma região maravilhosa! Fui de Leathercombe Bay até Harford e voltei pelos rochedos.

– O calor está forte demais, hoje, para uma caminhada – disse o major Barry, que jamais caminhava.

– É um bom exercício – disse a srta. Brewster. – Ainda não fui dar as minhas remadas hoje. Não há nada melhor para os músculos da barriga do que remar.

Os olhos de Hercule Poirot recaíram, de maneira um tanto pesarosa, em uma certa protuberância em sua própria cintura. A srta. Brewster, notando esse olhar, falou com gentileza:

– O senhor logo se livraria disso, Monsieur Poirot, caso passeasse num barco a remo todos os dias.

– *Merci, mademoiselle.* Eu detesto barcos!

– O senhor se refere a barcos pequenos?

– Barcos de todos os tamanhos! – ele fechou os olhos e estremeceu. – O movimento do mar não é nem um pouco agradável.

– Abençoado seja, o mar está calmo como um laguinho hoje.

Poirot retrucou de forma convicta:

– Não existe um mar realmente calmo. Sempre, sempre existe movimento.

– Se vocês quiserem saber a minha opinião – disse o major Barry –, o enjoo que se tem no mar é noventa por cento nervosismo.

– Pronto – disse o clérigo, sorrindo de leve –, falou agora o bom marinheiro, hein, major?

– Só passei mal uma única vez... e foi numa travessia do Canal! Não pense a respeito, esse é o meu lema.

– O enjoo do mar é realmente uma coisa muito esquisita – devaneou a srta. Brewster. – Por que será que algumas pessoas sofrem com isso e outras não? Parece tão injusto. E isso não tem nada a ver com a saúde da pessoa. Pessoas doentias são boas marinheiras. Alguém me disse, uma vez, que isso tinha algo a ver com a coluna da pessoa. E existe também o problema de certas pessoas que não suportam alturas. Eu mesma não me saio muito bem, mas a sra. Redfern é bem pior. Outro dia, no caminho dos rochedos em direção a Harford, ela ficou bem tonta e simplesmente se agarrou em mim. Ela me disse que uma vez ficou paralisada no meio da descida da escadaria externa na Catedral de Milão. Ela tinha subido sem pensar, mas a descida foi um pesadelo.

– Seria melhor ela não descer a escada de Pixy Cove, então – observou Lane.

A srta. Brewster fez uma careta.

– Eu mesma me intimido com essa descida. É tranquilo para os jovens. Os rapazes Cowan e os jovens Masterman, esses ficam subindo e descendo e se divertem.

Lane falou:

– Lá vem a sra. Redfern, voltando do seu banho de mar.

A srta. Brewster comentou:

– Monsieur Poirot vai aprovar a sra. Redfern. Ela não toma banho de sol de maneira nenhuma.

A jovem sra. Redfern havia tirado a sua touca de borracha e sacudia o cabelo. Ela tinha um cabelo louro acinzentado, e sua pele exibia o tom alvo e mortiço que é típico dessa cor de cabelo. As pernas e os braços eram muito brancos.

Com uma risada rouca, o major Barry disse:

– Ela parece um pouco crua comparada com as outras, não parece?

Envolvendo-se num longo roupão de banho, Christine Redfern atravessou a praia e subiu os degraus na direção deles.

Ela tinha um rosto belo e sério, bonito de um modo negativo, e mãos e pés pequenos e graciosos. Sorriu para o grupo e desabou ao lado deles, aconchegando seu roupão em volta do corpo.

A srta. Brewster falou:

– A senhora conquistou a opinião favorável de Monsieur Poirot. Ele não gosta da multidão que fica se bronzeando. Afirma que essas pessoas são como peças de carne no açougue, ou alguma expressão nesse sentido.

Christine Redfern sorriu de maneira pesarosa. Ela disse:

– Eu bem que *gostaria* de poder tomar banho de sol! Mas não fico bronzeada. Fico apenas com bolhas e com sardas tenebrosas nos braços.

– Melhor do que ficar com pelos no braço inteiro como a Irene da sra. Gardener – disse a srta. Brewster.

Em resposta ao olhar intrigado de Christine, ela prosseguiu:

– A sra. Gardener se mostrou em grande forma nesta manhã. Absolutamente incontrolável. "Não foi assim, Odell?", "Sim, querida."

A srta. Brewster fez uma pausa e então disse:

– Eu teria ficado satisfeita, no entanto, Monsieur Poirot, se o senhor tivesse brincado um pouco com ela. Por que não brincou? Por que o senhor não disse a ela que estava aqui investigando um assassinato particularmente horripilante, e que o assassino, um maníaco homicida, com certeza seria encontrado entre os hóspedes do hotel?

Hercule Poirot suspirou. Ele disse:

– Receio que ela teria acreditado em mim.

O major Barry soltou uma risada ofegante. Ele falou:

– Certamente teria.

Emily Brewster disse:

– Não, acho que nem mesmo a sra. Gardener teria acreditado num crime encenado aqui. Este não é o tipo de lugar onde se encontraria um corpo!

Hercule Poirot se agitou um pouco na cadeira. Tinha um protesto a fazer. Ele disse:

– Mas por que não, mademoiselle? Por que não poderia ser encontrado isso que a senhorita chama de "corpo" aqui em Smugglers' Island?

Emily Brewster respondeu:

– Não sei. Suponho que alguns lugares *sejam* mais improváveis do que outros. Este não é o tipo de local... – ela interrompeu a frase, encontrando dificuldade para explicar o que queria dizer.

– É romântico, sim – concordou Hercule Poirot. – É pacífico. O sol brilha. O mar é azul. Mas a senhorita está esquecendo, srta. Brewster, que o mal está em todos os lugares embaixo do sol.

O clérigo se agitou na cadeira. Inclinou-se para a frente. Seus olhos intensamente azuis se iluminaram.

A srta. Brewster encolheu os ombros.

– Ah! Claro que eu sei disso muito bem, mas mesmo assim...

– Mas mesmo assim este lugar continua lhe parecendo um cenário improvável para um crime? Está se esquecendo de uma coisa, mademoiselle.

– A natureza humana, eu suponho?

– Isso, sim. Isso, sempre. Mas isso não era o que eu ia dizer. Eu ia salientar para a senhorita o fato de que aqui todo mundo está de férias.

Emily Brewster voltou para ele um rosto perplexo.

– Eu não estou entendendo.

Hercule Poirot lhe devolveu um sorriso amplo e simpático. Desferiu golpes no ar com um enfático dedo indicador.

– Digamos que a senhorita tenha um inimigo. Se o procurar no apartamento dele, no escritório dele, na rua... *eh bien*, a senhorita precisará ter um *motivo*... uma justificativa. Mas aqui, à beira-mar, ninguém tem necessidade de justificar suas ações. A senhorita está em Leathercombe Bay, por quê? *Parbleu*! É agosto... é normal ir para o litoral em agosto... a pessoa está de férias. É muito natural que a senhorita esteja aqui e que o sr. Lane esteja aqui e que o major Barry esteja aqui e que a sra. Redfern e o marido dela estejam aqui. Porque o costume na Inglaterra é ir para o litoral em agosto.

– Bem – admitiu a srta. Brewster –, essa é certamente uma ideia muito engenhosa. Mas o que dizer dos Gardener? Eles são americanos.

Poirot sorriu.

– Até mesmo a sra. Gardener, como ela nos disse, sente necessidade de *relaxar*. Além disso, uma vez que ela está conhecendo "todos os cantos da Inglaterra", ela certamente precisa passar duas semanas à beira-mar, como uma boa turista, se não for por outro motivo. Ela gosta de observar as pessoas.

A sra. Redfern murmurou:

– O senhor também gosta de observar as pessoas, eu imagino...

– Madame, sou obrigado a confessar. Sim, eu gosto.

Ela disse, pensativa:

– O senhor vê... bastante.

## IV

Houve uma pausa. Stephen Lane limpou a garganta e disse, com um leve toque de constrangimento:

– Eu fiquei interessado, Monsieur Poirot, por uma coisa que o senhor acabou de dizer. O senhor disse que o mal era cometido em todos os lugares embaixo do sol. Foi quase uma citação do Eclesiastes. – Ele fez uma pausa e então citou por conta própria: – *Sim, também o coração dos filhos dos homens é repleto de mal, e a loucura está em seus corações enquanto vivem.*

Seu rosto se iluminou com uma luz quase fanática.

– Fiquei contente por ouvi-lo dizer isso. Hoje em dia, ninguém acredita no mal. O mal é considerado, no máximo, uma mera negação do bem. O mal, as pessoas dizem, é cometido por aqueles que não sabem o que fazem... que não se desenvolveram... que devem ser mais lamentados do que culpados. No entanto, Monsieur Poirot, o mal é *real*! É um *fato*! Eu acredito no Mal como acredito no Bem. Ele existe! É poderoso! Perambula pela Terra!

Ele se interrompeu. Sua respiração estava acelerada. Esfregou a testa com seu lenço e pareceu assumir uma expressão subitamente apologética.

– Sinto muito. Fiquei entusiasmado demais.

Poirot disse com calma:

– Entendi o que o senhor quer dizer. Até certo ponto, concordo com o senhor. O mal perambula pela Terra, de fato, e pode ser reconhecido como tal.

O major Barry limpou a garganta.

– Por falar nesse tipo de coisa, alguns daqueles faquires na Índia...

O major Barry já estava hospedado no Jolly Roger por tempo suficiente para que todos estivessem resguardados contra a sua tendência fatal de embarcar em longas histórias a respeito da Índia. Tanto a srta. Brewster como a sra. Redfern irromperam falando.

– Aquele é o seu marido que se aproxima nadando, não é, sra. Redfern? Que magnífica é a braçada dele. Ele é um nadador excelente.

E ao mesmo tempo a sra. Redfern disse:

– Ah, olhem! Que barco adorável ali adiante, com as velas vermelhas. É o barco do sr. Blatt, não é?

O veleiro com as velas vermelhas estava cruzando a extremidade da baía naquele momento.

O major Barry grunhiu:

– Uma ideia um tanto extravagante, velas vermelhas...

Mas a ameaça da história sobre o faquir foi evitada.

Hercule Poirot observou, com admiração, o jovem que acabara de nadar até a praia. Patrick Redfern era um belo espécime da humanidade. Esbelto, bronzeado, com ombros largos e quadris estreitos, havia nele uma espécie contagiante de alegria e jovialidade – uma simplicidade inata que o tornava estimado por todas as mulheres e pela maioria dos homens.

Ele ficou ali parado, sacudindo a água do corpo e levantando a mão numa saudação alegre à esposa.

A sra. Redfern acenou de volta e gritou:

– Venha para cá, Pat!

– Estou indo.

Ele percorreu um pequeno trecho ao longo da praia para pegar a toalha que tinha deixado ali.

Foi então que uma mulher passou por eles, saindo do hotel no rumo da praia.

Sua chegada teve a importância de uma entrada num palco.

Além disso, ela caminhava como se soubesse dessa impressão. Não havia nenhum constrangimento aparente. Parecia que a mulher já estava acostumada demais ao efeito invariável que sua presença produzia.

Ela era alta e esguia. Usava um maiô branco simples, aberto nas costas, e cada centímetro de seu corpo exposto se mostrava bronzeado numa bela e uniforme tonalidade castanha. Ela era perfeita como uma estátua. Seu cabelo tinha um tom castanho-avermelhado vivo e flamejante, era ondulado e envolvia intimamente o pescoço. O rosto deixava transparecer a ligeira dureza que costumamos ver quando os trinta anos já se passaram, mas o efeito geral dava uma ideia de juventude – de uma vitalidade soberba e triunfante. Havia uma imobilidade chinesa no seu rosto, e uma inclinação para cima nos olhos azul-escuros. Na cabeça ela usava um fantástico chapéu chinês de cartolina verde-jade.

Havia algo indefinível nela, fazendo com que todas as outras mulheres na praia parecessem apagadas e insignificantes. E também, com idêntica inevitabilidade, os olhares de todos os homens presentes eram atraídos e se fixavam nela.

Os olhos de Hercule Poirot se abriram, seu bigode estremeceu de modo apreciativo; o major Barry se endireitou na cadeira e os seus olhos protuberantes ganharam ainda mais volume, com excitação; à esquerda de Poirot, o reverendo Stephen Lane aspirou o ar pela boca num pequeno assobio e o seu corpo se retesou.

O major Barry falou, num sussurro rouco:

– Arlena Stuart (era como ela se chamava antes de se casar com Marshall)... Eu vi Arlena em *Come and Go*, antes de ela ter abandonado os palcos. Vale a pena ficar olhando, hein?

Christine Redfern disse com lentidão, e a sua voz era fria:

– Ela é bonita... sim. Eu acho... que ela parece mais uma fera!

Emily Brewster disse abruptamente:

– O senhor acabou de falar sobre o mal, Monsieur Poirot. Ora, no meu entender, aquela mulher é uma personificação do mal! Ela absolutamente não é flor que se cheire. Ocorre que eu sei muitas coisas a respeito dela.

O major Barry falou, em tom de reminiscência:

– Eu me lembro de uma jovenzinha lá em Simla. *Ela* também tinha um cabelo ruivo. Esposa de um subalterno. Será que ela colocou o lugar de cabeça para baixo? Posso garantir que colocou! Os homens ficaram loucos por ela! Todas as mulheres, é claro, teriam gostado de arrancar os olhos da jovenzinha! Ela tirou o trem dos trilhos em mais de um lar.

O major soltou uma risadinha com a reminiscência.

– O marido era um sujeito simpático e tranquilo. Venerava o chão que ela pisava. Nunca via nada... ou fazia de conta que não via.

Stephen Lane falou, numa voz baixa e cheia de intensa emoção:

– Mulheres assim são uma ameaça... uma ameaça para...

Ele parou.

Arlena Stuart se aproximara da beira da água. Dois homens jovens, pouco mais do que garotos, haviam levantado num pulo, correndo ansiosamente até ela. Ela ficou sorrindo para os jovens.

Os olhos de Arlena Stuart deslizaram além deles para Patrick Redfern, que vinha andando ao longo da praia.

Aquilo era, Hercule Poirot pensou, como observar a agulha de uma bússola. Patrick Redfern teve a rota desviada, seus pés mudaram de direção. A agulha, faça o que fizer, precisa obedecer à lei do magnetismo e apontar para o norte. Os pés de Patrick Redfern o levaram até Arlena Stuart.

Arlena ficou sorrindo para ele. Então ela foi avançando lentamente ao longo da praia, junto às ondas. Patrick Redfern foi com ela. Arlena se deitou diante de uma rocha. Redfern se deixou cair nos seixos ao lado dela.

Abruptamente, Christine Redfern se levantou e tomou a direção do hotel.

## V

Houve um ligeiro e desconfortável silêncio após a saída de Christine. Então Emily Brewster disse:

– Isso é lamentável. Ela é tão boazinha. Os dois estão casados há somente um ano ou dois.

– A jovenzinha sobre a qual eu estava falando – disse o major Barry –, aquela de Simla... Ela abalou alguns casamentos realmente felizes. Foi uma pena, também.

– Existe um tipo de mulher – disse a srta. Brewster – que *gosta* de destruir lares.

Ela acrescentou depois de um minuto:

– Patrick Redfern é um idiota!

Hercule Poirot não disse nada. Ele estava contemplando a praia, mas não estava olhando para Patrick Redfern e Arlena Stuart.

A srta. Brewster disse:

– Bem, é melhor eu tratar de ir pegar o meu barco.

Ela os deixou.

O major Barry direcionou para Poirot, com leve curiosidade, os seus olhos indiferentes.

– Bem, Poirot – ele disse. – O senhor está pensando no quê? Não abriu a boca. O que o senhor pensa da sereia? Uma delícia?

Poirot respondeu:

– *C'est possible.*

– Eu sabia, raposa velha. Conheço muito bem os franceses.

Poirot retrucou com frieza:

– Eu *não* sou francês!

– Bem, não me diga que não tem uma queda por jovens bonitas! O que o senhor pensa dela, hein?

Hercule Poirot afirmou:

– Ela não é jovem.

– Que importância isso tem? Uma mulher tem a idade que aparenta! A *aparência* dela é ótima.

Hercule Poirot assentiu com a cabeça. Ele disse:

– Sim, ela é linda. Mas não é a beleza o que conta no final. Não é a beleza o que faz com que todas as cabeças (exceto uma) se virem na praia com o propósito de olhar para ela.

– É *aquilo*, meu rapaz – disse o major. – É isso mesmo: *aquilo*.

Então o major disse, com súbita curiosidade:

– O que é que o senhor está olhando com tanta atenção?

Hercule Poirot retrucou:

– Estou olhando para a exceção. Para o único homem que não levantou a cabeça quando ela passou.

O major seguiu o olhar dele até o ponto em que se deteve num homem com cerca de quarenta anos, cabelos louros, bronzeado. O homem tinha um rosto tranquilo e agradável e estava sentado na praia, fumando um cachimbo e lendo o *Times*.

– Ah, *esse aí*! – disse o major Barry. – Esse é o marido, meu rapaz. Esse é Marshall.

– Sim, eu sei.

O major Barry deu uma risadinha. Ele mesmo era um solteirão. Estava acostumado a considerar "o Marido" sob três únicas luzes: como "o Obstáculo", "a Inconveniência" ou "a Salvaguarda".

Ele disse:

– Marshall parece ser um sujeito simpático. Tranquilo. Será que o meu *Times* já chegou?

Ele se levantou e dirigiu-se para o hotel.

O olhar de Poirot se desviou lentamente para o rosto de Stephen Lane.

Stephen Lane estava contemplando Arlena Marshall e Patrick Redfern. Ele se virou subitamente para Poirot. Havia uma luz sisuda e fanática nos seus olhos.

Ele falou:

– Aquela mulher é maligna dos pés à cabeça. O senhor tem alguma dúvida?

Poirot respondeu devagar:

– É difícil ter certeza.

Stephen Lane disse:

– Mas, criatura de Deus, o senhor não sente isso no ar? Ao redor, por todos os lados? A presença do Mal.

Lentamente, Hercule Poirot assentiu com a cabeça.

# Capítulo II

## I

Quando Rosamund Darnley se aproximou e sentou-se a seu lado, Hercule Poirot não fez nenhuma tentativa de disfarçar seu prazer.

Como depois admitiria, ele jamais conhecera uma mulher que admirasse mais do que Rosamund Darnley. Gostava do seu aspecto distinto, das linhas graciosas de sua figura, do porte alerta e orgulhoso de sua cabeça. Gostava das ondulações elegantes e lustrosas de seu cabelo escuro, da qualidade irônica de seu sorriso.

Ela estava usando um vestido confeccionado de algum material azul-marinho com toques de branco. O traje parecia muito simples devido à dispendiosa severidade do corte. Rosamund Darnley, na condição de responsável pela Rose Mond Ltda., era uma das mais famosas costureiras de Londres.

Ela disse:

– Acho que eu não gosto deste lugar. Pergunto a mim mesma por que razão eu vim parar aqui!

– Mas a senhorita já esteve aqui antes, não?

– Sim, dois anos atrás, na Páscoa. Naquela época não havia tanta gente.

Hercule Poirot olhou para ela. Ele disse gentilmente:

– Aconteceu alguma coisa que a deixou preocupada. Estou certo, não estou?

Rosamund Darnley assentiu. Seu pé balançava para lá e para cá. Ela encarou o pé e disse:

– Eu encontrei um fantasma. Esse é o problema.

– Um fantasma, mademoiselle?

– Sim.

– O fantasma do quê? Ou de quem?

– Ah, o fantasma de mim mesma.

Poirot perguntou com gentileza:

– Era um fantasma doloroso?

– Inesperadamente doloroso. Me levou ao passado, sabe...

Ela fez uma pausa, meditando. Então disse:

– Imagine a minha infância. Não, o senhor não pode! O senhor não é inglês!

Poirot perguntou:

– Foi uma infância muito inglesa?

– Ah, incrivelmente inglesa! O campo... uma casa enorme, caindo aos pedaços... cavalos, cães... caminhadas na chuva... fogueiras... maçãs no pomar... falta de dinheiro... tweeds velhos... vestidos de noite que permaneciam de um ano para o outro... um jardim negligenciado... com margaridas-de-são-miguel se destacando como grandes estandartes no outono...

Poirot perguntou com gentileza:

– E a senhorita quer voltar?

Rosamund Darnley negou com a cabeça. Ela disse:

– Não podemos voltar, podemos? Isso... nunca. Mas eu gostaria de ter seguido... por um caminho diferente.

Poirot disse:

– Fico imaginando...

Rosamund Darnley riu.

– Eu também, sem dúvida!

Poirot falou:

– Quando eu era jovem (e isso, mademoiselle, foi de fato muito tempo atrás) havia um jogo chamado “Se não fosse você, quem você gostaria de ser?". A gente escrevia uma resposta nos álbuns das mocinhas. Eram álbuns com bordas douradas e encapados em couro azul. A resposta? Mademoiselle, realmente não é fácil encontrar a resposta.

Rosamund disse:

– Não... suponho que não. Seria um grande risco. Ninguém gostaria de admitir ser o Mussolini ou a princesa Elizabeth. Quanto aos nossos amigos, sabemos demais a respeito deles. Eu me lembro de ter conhecido certa vez um casal muito charmoso, marido e mulher. Eles eram tão corteses e encantadores um com o outro e pareciam viver em tão bons termos após anos de casamento que eu senti inveja da mulher. Eu teria trocado de lugar com ela de bom grado. Alguém me contou, mais adiante, que na intimidade eles não conversavam um com o outro havia onze anos!

Rosamund Darnley riu e acrescentou:

– Isso mostra que a gente nunca sabe, não é mesmo?

Instantes depois, Poirot disse:

– Muitas pessoas, mademoiselle, devem invejá-la.

Rosamund Darnley disse com frieza:

– Ah, sim. Naturalmente.

Ela pensou a respeito, seus lábios curvados para cima num sorriso irônico.

– Sim, eu sou realmente o perfeito exemplo de uma mulher bem-sucedida! Desfruto da satisfação artística de uma bem-sucedida criadora (eu realmente gosto de desenhar roupas) e da satisfação financeira de uma mulher de negócios. Vivo muito bem, tenho uma boa figura, um rosto aceitável e uma língua não muito maliciosa.

Ela fez uma pausa. O sorriso se ampliou.

– É claro... não tenho marido! Nesse ponto eu fracassei, não é mesmo, Monsieur Poirot?

Hercule Poirot retrucou de modo galante:

– Mademoiselle, se a senhorita não é casada, isso ocorre porque nenhum integrante do meu sexo se mostrou suficientemente eloquente. É por escolha, não por necessidade, que a senhorita continua solteira.

Rosamund Darnley disse:

– E no entanto, como ocorre com todos os homens, tenho certeza de que no íntimo o senhor acredita que nenhuma mulher é feliz a menos que seja casada e tenha filhos.

Poirot encolheu os ombros.

– Casar e ter filhos... esse é o destino mais comum das mulheres. Somente uma mulher em cada cem... ou melhor, em cada mil... consegue conquistar para si um nome e uma posição como a senhorita conquistou.

Rosamund exibiu os dentes para ele.

– E no entanto, mesmo assim, eu não passo de uma solteirona velha e infeliz! É assim que eu me sinto hoje, pelo menos. Eu seria mais feliz ganhando uma ninharia por ano e tendo um marido grandalhão, bruto, calado, e uma ninhada de pirralhos correndo atrás de mim. Essa é a verdade, não é?

Poirot encolheu os ombros.

– Se a senhorita diz que é, então é, mademoiselle.

Rosamund riu, seu equilíbrio subitamente restaurado. Ela tirou um cigarro e o acendeu. Então disse:

– O senhor certamente sabe lidar com as mulheres, Monsieur Poirot. Sinto agora uma vontade de assumir o ponto de vista contrário e argumentar com o senhor a favor de carreiras profissionais para mulheres. É claro que eu estou muitíssimo bem como estou... e sei disso!

– Portanto, a vida é ótima, mademoiselle... um mar de rosas, digamos assim?

– O senhor está totalmente certo.

Poirot, por sua vez, sacou sua cigarreira e acendeu um dos minúsculos cigarros que fumava com muito gosto. Observando a névoa ascendente com um olhar intrigado, ele murmurou:

– Então o senhor... ou melhor, o capitão Marshall é um antigo amigo seu, mademoiselle?

Rosamund endireitou o corpo na cadeira. Ela perguntou:

– Ora, como é que o senhor sabe disso? Ah, imagino que Ken tenha lhe contado.

Poirot negou com a cabeça.

– Ninguém me contou nada. Afinal de contas, mademoiselle, eu sou um detetive. Essa era a conclusão mais óbvia a que eu poderia chegar.

Rosamund Darnley disse:

– Não entendo.

– Veja bem! – as mãos do pequeno homem eram eloquentes. – A senhorita está aqui faz uma semana. A senhorita é uma pessoa vívida, alegre, sem nenhuma preocupação. Hoje, de súbito, resolve falar sobre fantasmas, sobre os tempos antigos. O que foi que aconteceu? Por vários dias não tivemos novas chegadas, até ontem à noite, quando chegaram o capitão Marshall, sua mulher e a filha. Hoje a mudança. É óbvio!

Rosamund Darnley disse:

– Bem, não lhe falta razão. Kenneth Marshall e eu passamos a infância mais ou menos juntos. Os Marshall viviam na casa ao lado da nossa. Ken sempre foi querido comigo... embora fosse um pouco condescendente, é claro, já que ele era quatro anos mais velho. Eu não vi nem sinal dele por um longo tempo. Devem ter se passado... no mínimo quinze anos.

Poirot falou, pensativo:

– Um longo tempo.

Rosamund assentiu com a cabeça.

Houve uma pausa e, em seguida, Hercule Poirot perguntou:

– Ele é um homem simpático, não?

Rosamund disse com ardor:

– Ken é um amor. Conheço poucos como ele. Tremendamente tranquilo e reservado. Eu diria que o seu único defeito é uma certa *propensão* para casamentos infelizes.

Poirot retrucou, num tom de grande compreensão:

– Ah...

Rosamund Darnley continuou:

– Kenneth é um idiota, um idiota completo no que diz respeito a mulheres! O senhor se lembra do caso Martingdale?

Poirot franziu o cenho.

– Martingdale? Martingdale? Arsênico, não foi?

– Isso. Dezessete ou dezoito anos atrás. A mulher foi julgada pelo assassinato do marido.

– E ficou comprovado que ele era um consumidor de arsênico e ela foi inocentada?

– Isso mesmo. Bem, depois dessa absolvição, Ken se casou com ela. Esse é o tipo de coisa imbecil que ele faz.

Hercule Poirot murmurou:

– Mas se ela era inocente...

Rosamund Darnley falou com impaciência:

– Ah, eu me arrisco a dizer que ela *era* inocente. Ninguém pode saber! Mas existem inúmeras mulheres com quem casar no mundo sem que seja preciso cometer o exagero de casar com uma que foi julgada por assassinato.

Poirot não disse nada. Talvez soubesse que, caso ficasse em silêncio, Rosamund continuaria falando. Ela continuou.

– Ele era muito jovem, é claro, só tinha 21 anos. Era louco por ela. Ela morreu quando Linda nasceu... um ano depois do casamento. Creio que Ken ficou arrasado com a morte dela. Depois saiu atirando para todos os lados... tentando esquecer, suponho.

Ela fez uma pausa.

– E então veio essa história com Arlena Stuart. Ela estava no teatro de revista nessa época. Houve o caso do divórcio dos Codrington. Lady Codrington se divorciou de Codrington citando Arlena Stuart. Dizem que Lord Codrington estava perdidamente apaixonado por ela. Todos deduziam que eles iriam se casar assim que a decisão judicial fosse confirmada. Na verdade, quando chegou a hora, ele não se casou com ela. Deu as costas para ela sem mais nem menos. Creio que ela chegou inclusive a processá-lo por violação de promessa. De qualquer maneira, o caso gerou um grande estardalhaço na época. O que é que acontece em seguida? Ken se casa com ela. O idiota... o completo idiota!

Hercule Poirot murmurou:

– Qualquer homem poderia ser perdoado por esse desatino... ela é linda, mademoiselle.

– Sim, quanto a isso não resta dúvida. Houve outro escândalo cerca de três anos atrás. O velho Sir Roger Erskine deixou para ela todo o seu dinheiro, até a última moedinha. Pensei que isso afinal abriria os olhos de Ken, se é que alguma coisa era capaz de abrir os olhos dele.

– E não abriu?

Rosamund Darnley encolheu os ombros.

– Como eu disse, eu não tinha visto nem sinal dele por muitos anos. As pessoas dizem, porém, que ele encarou a situação com absoluta equanimidade. Por quê? Eu gostaria de saber. Será que ele passou a ter uma crença absolutamente cega nela?

– Poderiam existir outras razões.

– Sim. Orgulho! Manter uma expressão altiva no rosto! Não sei o que ele realmente sente por ela. Ninguém sabe.

– E ela? O que ela sente por ele?

Rosamund encarou Poirot e disse:

– Ela? Ela é a maior interesseira do mundo. E uma devoradora de homens também! Se alguma criatura bem-apessoada usando calças chegar a menos de cem metros dela, é carne fresca para Arlena! Ela é uma mulher desse tipo.

Poirot assentiu com a cabeça lentamente, em total concordância.

– Sim – ele disse. – É verdade o que a senhorita diz... Os olhos dela procuram somente uma coisa: homens.

Rosamund falou:

– Ela está de olho em Patrick Redfern agora. Ele é um homem bonito... um sujeito até bastante simples... afeiçoado à mulher, e não é um mulherengo. É uma refeição completa para Arlena. Eu gosto da pequena sra. Redfern. Ela é bonita no seu aspecto branco e apagado... mas não creio que ela, um animal inofensivo, possa ter uma mínima chance diante daquela fera devoradora de homens que é Arlena.

Poirot disse:

– Pois é, a senhorita tem razão.

Ele parecia estar angustiado.

Rosamund falou:

– Christine Redfern era professora de escola, creio eu. Ela é dessas pessoas que pensam que a mente tem poder sobre a matéria. Ela nem imagina o grande abalo que vai sofrer.

Poirot balançou a cabeça, vexado.

Rosamund se levantou. Ela disse:

– É uma vergonha, sabe...

E acrescentou vagamente:

– Alguém deveria fazer alguma coisa quanto a isso.

## II

Linda Marshall examinava seu rosto desapaixonadamente no espelho do quarto. Não gostava nem um pouco do seu rosto. Naquele instante, sua face lhe parecia ser constituída somente de ossos e sardas. Reparou com desgosto a volumosa forma do cabelo castanho claro (um camundongo, ela dizia consigo), os olhos cinzentos esverdeados, as maçãs do rosto saltadas e a longa e agressiva linha do queixo. A boca e os dentes talvez não fossem tão ruins – mas que importância tinham os dentes, afinal de contas? E aquilo ali era uma espinha que estava aparecendo em um lado do seu nariz?

Ela comprovou com alívio que não era uma espinha.

"É horrível ter dezesseis anos... simplesmente *horrível.*"

A pessoa não tinha como saber, de certa maneira, onde estava. Linda era tão desajeitada quanto uma pequena potra e tão irritadiça quanto um porco-espinho. Tinha consciência o tempo inteiro de seu aspecto desgracioso e do fato de não ser nem uma coisa nem outra. A coisa não tinha sido tão ruim na escola. Mas agora ela tinha saído da escola. Ninguém parecia saber direito o que ela iria fazer a seguir. Seu pai falava vagamente em mandá-la para Paris no inverno seguinte. Linda não queria ir para Paris – mas tampouco queria ficar em casa. Até agora ela nunca tinha se dado conta, de certa forma, do quanto detestava Arlena.

O rosto jovem de Linda foi ficando tenso, seus olhos verdes se endureceram.

Arlena...

Ela pensou consigo:

"Arlena é um monstro... um *monstro...*"

Madrastas! Era nojento ter uma madrasta, todo mundo dizia isso. E era verdade! Não que Arlena fosse cruel com ela. Na maior parte do tempo ela nem notava a presença da garota. Quando notava, porém, havia zombaria e desprezo no olhar, nas palavras. A graciosidade perfeita dos movimentos e do porte de Arlena enfatizava as feições adolescentes e desengonçadas de Linda. Com Arlena por perto ela sentia, com vergonha, o quanto era imatura e grosseira.

Mas não era só isso. Não, não era só isso.

Linda vasculhou, de modo hesitante, os recessos de sua mente. Ela não era muito boa em organizar e classificar suas emoções. Era algo que Arlena *fazia* com as pessoas – com a casa...

"Ela é uma pessoa ruim", Linda pensou, decidida. "Ela é muito, muito ruim."

Mas não era possível nem mesmo deixar por isso. Não podia simplesmente empinar o seu nariz, com uma fungada de superioridade moral, e expulsá-la da sua mente.

Era algo que ela fazia com as pessoas. Seu pai, agora, seu pai estava bastante diferente...

Ela ficou especulando, intrigada. O pai indo buscá-la na escola. O pai levando-a num cruzeiro. E o pai em casa... com Arlena ali. Todo... todo trancado em si mesmo e como se estivesse... como se estivesse *ausente.*

Linda pensou:

"E vai continuar assim. Dia após dia... mês após mês. Não consigo aguentar."

A vida se estendia diante dela – interminável – numa série de dias obscurecidos e envenenados pela presença de Arlena. Ela ainda era infantil o suficiente para ter pouca noção das proporções. Um ano, para Linda, parecia uma eternidade.

Uma grande onda fervente de ódio contra Arlena se avolumou em sua mente. Ela pensou:

"Eu gostaria de matar Arlena. Ah! Seria tão bom se ela morresse..."

Ela olhou para fora, por cima do espelho, para o mar lá embaixo.

Aquele lugar era realmente bem divertido. Ou poderia ser divertido. Todas aquelas praias e enseadas e trilhas estranhas. Muita coisa para explorar. E lugares para onde se podia ir sozinho e ficar matando tempo. Havia cavernas, também, era o que os jovens Cowan tinham dito para ela.

Linda pensou:

"Se pelo menos Arlena fosse embora, aí eu poderia me divertir."

Sua mente recuou até a tarde em que eles haviam chegado. Tinha sido emocionante sair do continente. A maré havia subido por sobre o passadiço. Eles tinham atravessado num barco. O hotel parecera excitante, incomum. E depois, no terraço, uma mulher alta e morena dera um pulo e dissera:

– Kenneth!

E o seu pai, parecendo terrivelmente surpreso, exclamara:

– Rosamund!

Linda analisou Rosamund Darnley ao modo severo e crítico dos jovens.

Decidiu que aprovava Rosamund. Rosamund, ela pensou, era sensata. E o cabelo dela era bonito, lhe caía bem – na maioria das pessoas isso não acontecia. E a roupa dela era bonita. E ela tinha uma espécie de rosto engraçado e divertido – como se risse de si mesma, não de você. Rosamund tinha sido simpática com Linda. Não ficara falando de modo arrebatado ou *dizendo* coisas (sob a expressão "dizendo coisas" Linda agrupava uma vasta miscelânea de aversões). E Rosamund não dera impressão de que tivesse achado Linda uma idiota. Com efeito, tratara Linda como se ela fosse um ser humano de verdade. Linda se sentia tão raras vezes como um ser humano que ficava profundamente grata quando alguma pessoa parecia considerá-la como tal.

O seu pai também parecera contente por ver a srta. Darnley.

Era engraçado – de uma hora para outra ele tinha ficado bem diferente. Ele parecera... ele parecera... Linda tentou encontrar a palavra... Ora, *jovem*, era isso! Ele tinha rido – um riso esquisito e infantil. Agora, pensando nisso, Linda constatava que muito raramente ouvia um riso dele.

Ela estava intrigada. Era como se tivesse vislumbrado uma pessoa bastante diferente. Linda pensou: "Como será que o meu pai era quando tinha a minha idade?".

Mas era difícil demais. Ela desistiu.

Uma ideia irrompeu em sua mente.

Que divertido teria sido se eles tivessem vindo para cá e tivessem encontrado a srta. Darnley... só ela e o pai.

Um panorama se abriu por apenas um minuto. O pai, rindo como um menino, a srta. Darnley, ela mesma, e a imensa diversão que poderia ser usufruída na ilha – mergulhos, cavernas...

A escuridão se abateu novamente.

Arlena. Ninguém conseguia se divertir com Arlena por perto. Por que não? Bem, pelo menos ela, Linda, não conseguia. Você não poderia se sentir feliz tendo ao lado uma pessoa que você... odiava. Sim, odiava. Ela odiava Arlena.

Muito lentamente, aquela grande onda fervente de ódio se avolumou de novo.

O rosto de Linda ficou muito branco. Seus lábios se abriram um pouco. As pupilas dos olhos se contraíram. E os seus dedos enrijeceram e se crisparam...

## III

Kenneth Marshall bateu na porta do quarto de sua esposa. Quando a voz dela respondeu, ele abriu a porta e entrou.

Arlena estava terminando de dar os últimos retoques na sua toalete. Ela estava vestida de um verde resplandecente e quase parecia uma sereia. Estava parada diante do espelho, aplicando rímel nos cílios. Ela disse:

– Ah, é você, Ken.

– Sim. Eu queria saber se você já estava pronta.

– Só um minuto.

Kenneth Marshall caminhou até a janela. Olhou para fora e contemplou o mar. Seu rosto, como de hábito, não exibia nenhuma emoção. Era um rosto agradável e normal.

Virando-se, ele falou:

– Arlena?

– Sim?

– Você já tinha encontrado Redfern antes, eu suponho...

Arlena disse com tranquilidade:

– Ah, sim, querido. Numa recepção na casa de alguém. Ele pareceu ser muito querido.

– É o que eu suponho. Você sabia que ele e a esposa estavam vindo para cá?

Arlena reagiu arregalando os olhos.

– Ah, não, querido. Foi uma surpresa *enorme*!

Kenneth Marshall disse com calma:

– Pensei que talvez isso tivesse colocado a ideia deste lugar na sua cabeça. Você fez muita questão de que nós viéssemos para cá.

Arlena largou o rímel. Ela se virou para ele. Sorriu – um sorriso suave e sedutor. E disse:

– Alguém me contou sobre este lugar. Acho que foram os Ryland. Eles disseram que era simplesmente maravilhoso, tão intocado! Você não está gostando?

Kenneth Marshall respondeu:

– Não sei muito bem.

– Ah, querido, mas você adora tomar banho de mar e ficar sem fazer nada. Eu tenho certeza de que você vai simplesmente adorar ficar aqui.

– Eu estou vendo que você pretende se divertir.

Os olhos de Arlena se arregalaram. Ela olhou para ele com incerteza.

Kenneth Marshall falou:

– Imagino que a verdade é que você disse ao jovem Redfern que estava vindo para cá...

Arlena disse:

– Kenneth, querido, você não vai ser desagradável, vai?

Kenneth Marshall disse:

– Ouça uma coisa, Arlena. Conheço você muito bem. Eles formam um jovem casal bastante simpático. Aquele rapaz gosta da esposa, sem dúvida. Você precisa mesmo estragar o espetáculo todo?

Arlena retrucou:

– É tão injusto você me culpar... Eu não fiz nada... absolutamente nada. Não posso evitar se...

Ele a instigou:

– Se o quê?

Os cílios de Arlena se agitaram.

– Bem, é claro... Eu sei que os homens de fato ficam loucos por mim. Mas não é culpa minha. Eles simplesmente ficam desse jeito.

– Então você admite que o jovem Redfern está louco por você?

Arlena murmurou:

– É uma tremenda estupidez da parte dele.

Ela deu um passo na direção do marido.

– Mas você sabe, não é mesmo, Ken, que eu não quero saber de ninguém além de você...

Arlena olhou para ele por entre os cílios escurecidos.

Era um olhar maravilhoso – um olhar ao qual poucos homens teriam resistido.

Kenneth Marshall olhou para ela com muita seriedade. Seu rosto estava sereno. Sua voz se manteve tranquila. Ele disse:

– Acho que eu conheço você muito bem, Arlena...

## IV

Quando se saía do hotel pelo lado sul, os terraços e a praia para banho ficavam imediatamente abaixo. Havia também um caminho que contornava os rochedos no lado sudoeste da ilha. Um pouco adiante nesse caminho, alguns degraus desciam até uma série de recantos cortados no rochedo; esse ponto era identificado como Sunny Ledge no mapa da ilha oferecido pelo hotel. Aqui, cortados no rochedo, existiam nichos com assentos.

Até um assento desses vieram Patrick Redfern e sua esposa, imediatamente após o jantar. Era uma noite adorável e clara sob o brilho da lua.

Os Redfern se sentaram. Durante algum tempo, permaneceram em silêncio.

Patrick Redfern comentou afinal:

– Uma noite gloriosa, não é mesmo, Christine?

– Sim.

Algo na voz dela o fez sentir um certo desconforto. Ele ficou imóvel, sem olhar para ela.

Christine Redfern perguntou com sua voz calma:

– Você sabia que aquela mulher ia estar aqui?

Ele se virou abruptamente, dizendo:

– Não entendi o que você quer dizer.

– Acho que você entendeu.

– Ouça, Christine. Eu não sei o que foi que deu em você...

Ela o interrompeu; sua voz tinha sentimento agora, tremia.

– O que deu em *mim*? O problema é o que deu em *você*!

– Não houve nada comigo.

– Ah, Patrick, houve *sim*! Você insistiu tanto que nós viéssemos para cá. Você foi tão veemente. Eu queria ir para Tintagel de novo, onde... onde nós passamos a nossa lua de mel. Você estava determinado a vir para cá.

– Bem, e por que não? É um lugar fascinante.

– Talvez. Mas você queria vir para cá porque ela ia estar aqui.

– Ela? Quem é ela?

– A sra. Marshall. Você... você está apaixonado por ela.

– Pelo amor de Deus, Christine, não faça papel de boba. Essa atitude ciumenta não combina com você.

O espanto de Patrick Redfern parecia pouco seguro. Ele estava exagerando.

Ela disse:

– Nós fomos tão felizes...

– Felizes? É claro que nós fomos felizes! Nós *somos* felizes. Mas não vamos continuar sendo felizes se eu não puder nem mesmo falar com outra mulher sem que você comece a criar confusão.

– Não é assim.

– Sim, é assim. No casamento a pessoa precisa ter... bem... amizades com outras pessoas. Essa atitude de suspeita está completamente errada. Eu... eu não posso falar com uma mulher bonita sem que você logo saia concluindo que eu estou apaixonado por ela...

Patrick Redfern se calou. Encolheu os ombros.

Christine Redfern disse:

– Você *está* apaixonado por ela...

– Ah, não seja boba, Christine! Eu mal... eu mal conversei com ela.

– Isso não é verdade.

– Pelo amor de Deus, não adquira o hábito de ter ciúme de todas as mulheres bonitas com as quais nós cruzamos.

Christine Redfern retrucou:

– Ela não é simplesmente uma mulher bonita qualquer! Ela é... ela é *diferente*! E não é flor que se cheire! Não é mesmo. Ela vai lhe fazer mal, Patrick, por favor, *desista*. Vamos embora daqui.

Patrick Redfern ergueu o queixo sediciosamente. Ele pareceu de algum modo muito jovem quando afirmou, em tom de desafio:

– Não seja ridícula, Christine. E... e vamos parar de brigar por causa disso.

– Eu não quero brigar.

– Então se comporte como um ser humano razoável. Venha, vamos voltar para o hotel.

Ele se levantou. Houve uma pausa, e então Christine Redfern se levantou também.

Ela disse:

– Muito bem...

No assento do recanto adjacente, Hercule Poirot balançou a cabeça com pesar.

Algumas pessoas teriam se afastado escrupulosamente até onde não fosse possível ouvir uma conversa particular. Mas não Hercule Poirot. Ele não tinha nenhum escrúpulo desse tipo.

– Além disso – como ele explicou posteriormente ao seu amigo Hastings –, era uma questão de assassinato.

Hastings disse, encarando Poirot:

– Mas o assassinato não tinha ocorrido ainda, naquela altura.

Hercule Poirot suspirou. Ele disse:

– Mas já estava, *mon cher*, muito claramente sugerido.

– Então por que você não impediu o crime?

E Hercule Poirot disse com um suspiro, como já dissera certa vez no Egito, que, se uma pessoa está determinada a cometer um assassinato, não é fácil impedi-la. Ele não se culpava pelo acontecido. O crime era, de acordo com ele, inevitável.

## Capítulo III

### I

Rosamund Darnley e Kenneth Marshall estavam sentados na relva curta e flexível do rochedo que dava vista para Gull Cove. Esse ponto ficava no lado leste da ilha. As pessoas o frequentavam de manhã, às vezes, para tomar banho quando queriam ficar sossegadas.

Rosamund disse:

– É ótimo fugir das pessoas.

Marshall murmurou de modo inaudível:

– É, sim.

Ele rolou o corpo, cheirando a relva curta.

– O cheiro é bom. Você se lembra dos morros em Shipley?

– Bastante.

– Bons tempos, aqueles.

– Sim.

– Você não mudou muito, Rosamund.

– Sim, eu mudei. Mudei tremendamente.

– Você obteve um enorme sucesso e é rica e tudo mais, mas continua sendo a mesma Rosamund de sempre.

Rosamund murmurou:

– Bem que eu gostaria.

– Como?

– Nada. É uma pena, não é mesmo, Kenneth, nós não podermos manter a boa índole e os elevados ideais que tínhamos quando éramos jovens.

– Não sei se a sua índole alguma vez foi particularmente boa, minha garota. Você costumava ter os mais tenebrosos acessos de fúria. Uma vez você quase me estrangulou, quando voou em cima de mim num dos seus ataques.

Rosamund riu. Ela perguntou:

– Você se lembra daquele dia em que nós levamos o Toby para pegar ratos-d'água?

Os dois se dedicaram, por alguns minutos, a recordar antigas aventuras.

Então houve uma pausa.

Os dedos de Rosamund brincavam com o fecho de sua bolsa. Ela falou afinal:

– Kenneth?

– Sim...

A resposta dele foi indistinta. Ele continuava deitado com o rosto na relva.

– Se eu lhe disser uma coisa que provavelmente é uma impertinência ultrajante, você nunca mais vai falar comigo?

Ele rolou o corpo e se sentou.

– Acho – ele falou, sério – que eu jamais conseguiria considerar qualquer coisa que você me dissesse como algo impertinente. Para mim você pode dizer *tudo*.

Rosamund assentiu com a cabeça, aceitando todo o significado daquela última frase. Ela escondeu apenas o prazer que a frase lhe dava.

– Kenneth, por que você não se divorcia da sua mulher?

O rosto dele se alterou. Ficou endurecido – a expressão feliz se desfez. Ele tirou um cachimbo do bolso e começou a enchê-lo.

Rosamund disse:

– Sinto muito se eu ofendi você.

Ele falou calmamente:

– Você não me ofendeu.

– Pois bem, então por que você não se divorcia?

– Você não entende, minha querida garota.

– Você... você gosta dela tanto assim?

– Não é só uma questão de gostar dela. Veja bem, eu me casei com ela.

– Eu sei. Mas ela tem... uma fama...

Ele considerou o fato por um momento, inserindo cuidadosamente o tabaco.

– Ela tem? Imagino que tenha.

– Você *poderia* se divorciar dela, Ken.

– Minha querida garota, você não tem nenhuma autoridade para me dizer uma coisa dessas. Só porque os homens perdem a cabeça com ela, isso não quer dizer que ela vá perder a cabeça também.

Rosamund reprimiu uma réplica. Em seguida disse:

– Você poderia armar uma situação para que ela se divorciasse de você... se preferir assim.

– Eu me atrevo a dizer que poderia.

– Você deveria, Ken. Realmente, eu estou falando sério. Você tem a criança.

– Linda?

– Sim, Linda.

– O que é que Linda tem a ver com isso?

– Arlena não é boa para Linda. Não é mesmo. Linda, creio eu, *sente* as coisas com muita intensidade.

Kenneth Marshall acendeu o cachimbo com um fósforo. Entre baforadas ele disse:

– Sim... nisso você tem alguma razão. Acho que Arlena e Linda não são muito boas uma com a outra. Talvez não seja a coisa certa para uma garota. É um pouco preocupante.

Rosamund disse:

– Eu gosto de Linda... gosto muito. Sinto algo... especial por ela.

Kenneth disse:

– Ela é parecida com a mãe. Leva as coisas muito a sério, bem como Ruth fazia.

Rosamund perguntou:

– Então você não acha... realmente... que deveria se livrar de Arlena?

– Armar um divórcio?

– Sim. As pessoas fazem isso o tempo inteiro.

Kenneth Marshall disse com súbita veemência:

– Sim, e isso é justamente o que eu detesto.

– Detesta? – Rosamund se sobressaltou.

– Sim. É mais ou menos a atitude em relação à vida hoje em dia. Se você assume alguma coisa e não gosta dela, aí você tira o corpo fora o mais depressa possível! Que diabo, tem que haver alguma coisa que se assemelhe a boa-fé. Se você se casa com uma mulher e se compromete a cuidar dela, bem, essa é a sua responsabilidade. É o seu papel. Você assumiu a responsabilidade. Eu estou cansado de casamentos rápidos e divórcios fáceis. Arlena é a minha esposa, isso é tudo.

Rosamund se inclinou para a frente. Ela perguntou numa voz baixa:

– Então é assim com você? "Até que a morte nos separe"?

Kenneth Marshall confirmou com a cabeça.

Ele disse:

– É bem isso.

Rosamund falou:

– Entendi.

## II

O sr. Horace Blatt, retornando para Leathercombe Bay por uma estradinha estreita e serpenteante, quase atropelou a sra. Redfern numa curva.

Enquanto ela esticava o corpo junto à cerca viva, o sr. Blatt fez parar seu Sunbeam recorrendo vigorosamente aos freios.

– Olá... olá... olá – o sr. Blatt disse com jovialidade.

Ele era um homem corpulento com um rosto vermelho e uma franja de cabelo avermelhado em volta de um topo calvo e brilhante.

A ambição aparente do sr. Blatt era ser a vida e a alma de qualquer local onde por acaso estivesse. O Jolly Roger Hotel, em sua opinião, que ele proferia num volume um tanto alto, precisava de mais animação. O sr. Blatt estava intrigado com a maneira como as pessoas pareciam se dissolver e desaparecer sempre que ele mesmo entrava em cena.

– Quase transformei a senhora em geleia de morango, não foi? – falou o sr. Blatt, alegre.

Christine Redfern disse:

– Sim, quase.

– Entre – disse o sr. Blatt.

– Ah, obrigada... Acho que eu vou caminhando.

– Absurdo – disse o sr. Blatt. – Um carro serve para quê?

Cedendo à necessidade, Christine Redfern entrou.

O sr. Blatt voltou a dar partida no motor, que havia parado devido à freada repentina.

O sr. Blatt perguntou:

– E o que é que a senhora está fazendo, andando por aí completamente sozinha? Isso não está nada certo, uma jovem bonita como a senhora.

Christine falou apressadamente:

– Ah! Eu gosto de ficar sozinha.

O sr. Blatt lhe deu um terrível cutucão com o cotovelo, quase jogando o carro, ao mesmo tempo, para dentro da cerca viva.

– As moças sempre dizem isso – ele afirmou. – Mas não falam a sério. Sabe, aquele lugar, o Jolly Roger, está precisando de um pouco de animação. Não tem nada de alegre nele. Nenhuma *vida.* É claro, uns quantos inúteis estão hospedados lá. Um monte de crianças, em primeiro lugar, e um monte de velhos ultrapassados também. Tem aquele anglo-indiano chato e aquele pároco atleta e aqueles americanos tagarelas e aquele estrangeiro com o bigode... me dá vontade de rir aquele bigode dele! Eu diria que ele é um cabeleireiro, algo desse tipo.

Christine balançou a cabeça.

– Ah, não, ele é um detetive.

O sr. Blatt quase deixou o carro entrar de novo na cerca viva.

– Um detetive? A senhora quer dizer que ele está *disfarçado*?

Christine sorriu ligeiramente.

– Ah, não, ele realmente *é* daquele jeito. O nome dele é Hercule Poirot. O senhor já deve ter ouvido falar nele.

O sr. Blatt falou:

– Eu não tinha entendido bem o nome dele. Claro, claro que já *ouvi* falar nele. Mas eu achava que ele já tinha morrido. Que diabo, ele já *devia* ter morrido. O que é que ele está procurando por aqui?

– Não está procurando nada... ele só está passando suas férias.

– Bem, eu imagino que pode ser isso – o sr. Blatt parecia duvidar um pouco. – Ele parece um tanto importuno, não parece?

– Bem... – retrucou Christine, hesitante. – Talvez ele seja um pouco peculiar.

– O que eu quero dizer – falou o sr. Blatt – é: o que é que há de errado com a Scotland Yard? Eu só compro produto inglês.

Ele chegou ao final da colina e, com um triunfal toque de buzina, entrou com o carro na garagem do Jolly Roger, que era situada, por razões relativas à maré, no continente perante o hotel.

## III

Linda Marshall encontrava-se na pequena loja que atendia as necessidades dos visitantes de Leathercombe Bay. Um dos lados da loja era dedicado a estantes com livros que podiam ser levados por empréstimo mediante a soma de dois pence. O mais novo dos livros tinha dez anos de idade, alguns tinham vinte anos e outros eram mais velhos ainda.

Linda pegou primeiro um e depois outro da estante, indecisa, e passou os olhos por eles. Decidiu que não conseguiria ler de nenhuma maneira *As quatro plumas* ou *Vice-versa*. Pegou um pequeno volume grosso em couro marrom.

O tempo passou...

Com um sobressalto, Linda enfiou o livro de volta na estante quando ouviu a voz de Christine Redfern perguntando:

– O que você está lendo, Linda?

Linda respondeu apressadamente:

– Nada. Eu estou procurando um livro.

Ao acaso ela puxou da fileira de livros *O casamento de William Ashe* e avançou até o balcão, tateando no bolso para encontrar dois pence.

Christine falou:

– O sr. Blatt acabou de me dar uma carona para cá... depois de quase ter me atropelado. Eu realmente senti que não seria capaz de atravessar o passadiço todo na companhia dele, por isso lhe disse que precisava comprar algumas coisas.

– Ele é horrível, a senhora não acha? Sempre repetindo que é muito rico e contando as piadas mais terríveis do mundo.

Christine disse:

– Pobre coitado. A gente chega realmente a sentir bastante pena dele.

Linda não concordava. Ela não via no sr. Blatt nada que a fizesse sentir pena. Linda era jovem e implacável.

Ela saiu da loja com Christine Redfern e as duas caminharam até o passadiço.

Ela estava mergulhada em seus próprios pensamentos. Gostava de Christine Redfern. Ela e Rosamund Darnley eram as únicas pessoas toleráveis naquela ilha, na opinião de Linda. Nenhuma das duas falava demais com ela – isso já era uma coisa boa. Agora, enquanto caminhavam, Christine não dizia nada. Isso, Linda pensou, era sensato. Se você não tinha nada de útil para dizer, ficar tagarelando o tempo inteiro para quê?

Linda se perdeu em suas próprias perplexidades.

De súbito perguntou:

– Sra. Redfern, alguma vez a senhora já sentiu que tudo é tão terrível... tão repugnante... que a senhora pensa que vai... ah, *explodir*?

As palavras eram quase cômicas, mas o rosto de Linda, retorcido e ansioso, não era cômico. Christine Redfern, olhando para ela vagamente a princípio e mal compreendendo aquilo que contemplava, certamente não viu nada que lhe desse vontade de rir...

Ela prendeu a respiração de modo abrupto. E disse:

– Sim... sim... eu já senti... algo bem parecido...

## IV

O sr. Blatt falou:

– Então o senhor é o famoso investigador, hein?

Eles estavam no bar do hotel, um dos ambientes favoritos do sr. Blatt.

Hercule Poirot confirmou a observação com a sua costumeira falta de modéstia.

O sr. Blatt prosseguiu:

– E o que é que o senhor está fazendo por aqui? Um trabalho?

– Não, não. Eu estou repousando. Tirei férias.

O sr. Blatt piscou um olho.

– O senhor diria isso de qualquer modo, não?

Poirot respondeu:

– Não necessariamente.

Horace Blatt disse:

– Ah! Não me venha com essa. Para falar a verdade, o senhor estaria em segurança total *comigo*. Eu não saio por aí repetindo tudo que eu ouço! Aprendi a manter a minha boca fechada muitos anos atrás. Eu não teria chegado até onde cheguei se não tivesse aprendido esse truque. Mas o senhor sabe como costumam ser as pessoas: falam e falam e falam a respeito de todas as coisas que ouvem! Isso, no negócio do senhor, é algo que não dá para permitir! É por isso que o senhor precisa ficar fazendo de conta que está aqui tirando férias e nada mais.

Poirot perguntou:

– E por que o senhor imaginaria o contrário?

O sr. Blatt fechou um olho. Ele disse:

– Eu sou um homem que conhece o mundo. Consigo ver o que há por trás da máscara de um sujeito. Um homem como o senhor estaria em Deauville ou Le Touquet ou lá em Juan les Pins. É esse o seu... como é a expressão?... O seu lar espiritual.

Poirot suspirou. Olhou pela janela. A chuva estava caindo e uma névoa circundava a ilha. Ele disse:

– É possível que o senhor esteja certo! Lá pelo menos, quando o tempo está chuvoso, existem distrações.

– O bom e velho cassino! – retrucou o sr. Blatt. – Veja bem, eu tive que trabalhar muito duro durante quase toda a minha vida. Não havia tempo para férias ou acepipes. Eu queria me dar bem e por fim me dei bem. Agora posso fazer o que bem quiser. O meu dinheiro é tão bom quanto o dinheiro de qualquer outro homem. Aproveitei bastante a vida nestes últimos anos, o senhor pode ter certeza disso.

Poirot murmurou:

– Ah, é?

– Nem sei por que raios eu vim parar neste lugar – continuou o sr. Blatt.

Poirot observou:

– Eu também fiquei imaginando...

– Hein, como foi?

Poirot agitou uma mão eloquente.

– Eu também não sou desprovido de alguma capacidade de observação. Eu teria imaginado que *o senhor* com certeza escolheria Deauville ou Biarritz.

– Porém, em vez disso, estamos ambos aqui, hein?

O sr. Blatt soltou uma risadinha rouca.

– Não sei realmente por que raios eu vim parar aqui – ele meditou. – Talvez, não é mesmo, porque o nome soava *romântico.* Jolly Roger Hotel, Smugglers' Island. Uma indicação como essa no mapa deixa o sujeito inquieto, sabe... Nos faz lembrar de quando éramos meninos. Piratas, contrabando, tudo isso.

Ele começou a rir, um tanto constrangido.

– Eu costumava velejar bastante no meu tempo de menino. Não nesta região. Ao largo da costa leste. Engraçado como um gosto desse tipo nunca nos abandona por completo. Eu poderia ter um iate de primeira se isso me agradasse, mas de certa forma uma embarcação assim não me interessa. Eu gosto de jogar tempo fora naquela minha iole. Redfern também sempre faz questão de velejar. Ele já saiu comigo uma ou duas vezes. Agora eu não consigo mais pegá-lo, ele está sempre andando com aquela ruiva, a esposa do Marshall.

Ele fez uma pausa, e depois, baixando o tom de sua voz, continuou:

– São quase todos uns desanimados neste hotel! A sra. Marshall é talvez a única fonte de animação! Eu diria que Marshall deve precisar de poderes especiais para tomar conta dela. Histórias de todos os tipos sobre os tempos dela nos palcos... e sobre *depois* disso! Os homens ficam loucos por ela. O senhor vai ver, nós teremos uma fonte de problemas um dia desses.

Poirot perguntou:

– Que tipo de problemas?

Horace Blatt respondeu:

– Isso depende. Eu diria, olhando para Marshall, que ele é um homem com um temperamento meio engraçado. Para falar a verdade, tenho certeza disso. Ouvi certas coisas a respeito dele. Já encontrei antes esse tipo de sujeito calado. A gente nunca sabe o que esperar de um sujeito assim. Redfern deveria tratar de se cuidar...

O sr. Blatt se calou, visto que o objeto de suas palavras entrava no bar. Ele seguiu falando em voz alta e de maneira constrangida.

– Bem, como eu ia dizendo, velejar por esta costa é uma ótima diversão. Olá, Redfern, quer beber alguma coisa comigo? Você vai tomar o quê? Um dry martini? Certo. E o senhor, Monsieur Poirot?

Poirot balançou a cabeça.

Patrick Redfern sentou-se e disse:

– Velejar? É a coisa mais divertida do mundo. Bem que eu gostaria de poder praticar mais. Quando era menino costumava passar quase todo o meu tempo num barquinho à vela neste litoral.

Poirot perguntou:

– Então o senhor conhece bem esta região?

– Muito bem! Conheci este lugar antes de existir um hotel nele. Havia somente algumas cabanas de pescadores em Leathercombe Bay e uma velha casa em ruínas, toda fechada, na ilha.

– Existia uma casa aqui?

– Ah, sim, mas ela ficou desabitada por muitos anos. Estava praticamente caindo aos pedaços. Eu costumava ouvir histórias de todos os tipos a respeito de passagens secretas entre a casa e Pixy's Cave.* Nos ficávamos o tempo todo procurando por essa passagem secreta, eu me lembro.

Horace Blatt derramou sua bebida. Ele praguejou, se limpou e perguntou:

– O que é essa Pixy's Cave?

Patrick disse:

– Ah, o senhor não sabe? Fica em Pixy Cove.** Não é muito fácil encontrar a entrada. Fica no meio de um amontoado de rochas numa das extremidades. É só uma fenda comprida e estreita. Você precisa se espremer para entrar. No lado de dentro há uma caverna bastante ampla. Vocês podem imaginar o que essa caverna era para um menino! Um velho pescador me mostrou o lugar. Hoje em dia, nem mesmo os pescadores sabem que a caverna existe. Outro dia eu perguntei para um deles por que a enseada tinha esse nome, e ele não soube me responder.

Hercule Poirot disse:

---

* Caverna do Duende. (N.T.)

** Enseada do Duende. (N.T.)

– Mas eu ainda não estou entendendo. O que é esse duende?

Patrick Redfern falou:

– Ah! Isso é típico de Devonshire. Existe uma caverna do duende em Sheepstor on the Moor. Dizem que você deve deixar um broche na caverna, como um presente para o duende. O duende é uma espécie de espírito das charnecas.

Hercule Poirot disse:

– Ah! Mas isso é interessante, de fato.

Patrick Redfern continuou:

– Ainda existem muitas lendas sobre os duendes em Dartmoor. Existem rochedos pontiagudos que, segundo as pessoas dizem, são cheios de duendes, e eu acho que os agricultores que voltam para casa nas noites mais pesadas ainda reclamam que foram desencaminhados por duendes.

Horace Blatt perguntou:

– Quer dizer, quando eles beberam um pouco além da conta?

Patrick Redfern respondeu com um sorriso:

– Essa é certamente a explicação mais razoável!

Blatt olhou para o seu relógio. Ele disse:

– Vou entrar para o jantar. De um modo geral, Redfern, os piratas são os meus favoritos, não os duendes.

Patrick Redfern disse, com uma risada, enquanto o outro saía:

– Dou minha palavra, eu gostaria de ver o velho ali sendo desencaminhado por duendes!

Poirot observou, pensativo:

– Para um homem de negócios obstinado, o sr. Blatt parece ter uma imaginação muito romântica.

Patrick Redfern retrucou:

– Isso é porque ele não foi educado direito. Pelo menos isso é o que a minha esposa diz. Veja o que ele lê! Nada exceto histórias de suspense ou do velho oeste...

Poirot falou:

– O senhor está querendo dizer que ele ainda tem a mentalidade de um menino?

– Bem, o senhor não pensa o mesmo?

– Quanto a mim, ainda não pude observá-lo muito bem.

– Eu também não. Saí para velejar com ele uma ou duas vezes... mas na verdade ele não gosta de ter alguém para lhe fazer companhia. Prefere ficar sozinho.

Hercule Poirot disse:

– Isso é de fato curioso. É o avesso do comportamento dele em terra.

Redfern riu. Ele disse:

– Eu sei. Todos nós passamos um pouco de dificuldade tentando fugir do caminho dele. Ele gostaria de transformar este lugar numa mescla de Margate e Le Touquet.

Durante alguns instantes Poirot não disse nada. Ficou estudando o rosto risonho do seu companheiro com a maior atenção. E disse de forma súbita e inesperada:

– Eu creio, Monsieur Redfern, que o senhor aprecia bastante a vida.

Patrick encarou Poirot com certa surpresa.

– Aprecio mesmo. Por que não?

– Por que não, sem dúvida – concordou Poirot. – Eu lhe dou as minhas felicitações por isso.

Sorrindo um pouco, Patrick Redfern falou:

– Obrigado, senhor.

– É por isso que, na condição homem mais velho, de homem muito mais velho, eu me arrisco a lhe oferecer um conselho.

– Pois não, senhor.

– Um amigo meu da polícia, um sujeito muito sábio, me disse alguns anos atrás: "Hercule, meu amigo, se você quiser saber o que é a tranquilidade, evite as mulheres".

Patrick Redfern disse:

– Receio que já seja um pouco tarde para isso, senhor. O senhor sabe que eu sou casado.

– Eu sei, de fato. A sua esposa é uma mulher encantadora, uma mulher de muitas qualidades. Creio que ela gosta muito do senhor.

Patrick Redfern retrucou bruscamente:

– Eu gosto muito dela.

– Ah – disse Poirot –, fico muito contente por ouvir isso.

O semblante de Patrick se fechou de súbito.

– Me diga, Monsieur Poirot, aonde o senhor está querendo chegar?

– *Les femmes* – Poirot se recostou e fechou os olhos. – Sei algumas coisas a respeito delas. Elas são capazes de complicar a vida de uma maneira insuportável. E os ingleses, eles conduzem os seus assuntos de uma forma indescritível. Se era necessário ao senhor vir para cá, Monsieur Redfern, por que, pelo amor de Deus, o senhor trouxe junto a sua esposa?

Patrick Redfern respondeu com raiva:

– Não sei o que o senhor está querendo dizer com isso.

Hercule Poirot disse com calma:

– O senhor sabe perfeitamente bem. Não tenho a tola pretensão de discutir com um homem apaixonado. Estou proferindo apenas uma palavra de cautela.

– O senhor andou dando ouvidos para aquelas malditas semeadoras de escândalos... A sra. Gardener, aquela mulher chamada Brewster... elas não têm nada para fazer além de soltar a língua o dia inteiro. Só porque uma mulher é atraente, caem em cima dela como um meteoro.

Hercule Poirot se levantou. Ele murmurou:

– O senhor é realmente tão novato assim?

Balançando a cabeça, ele saiu do bar. Patrick Redfern encarou Poirot com raiva.

## V

Hercule Poirot parou no saguão quando saiu da sala de jantar. As portas estavam abertas – entrava um suave sopro de ar noturno.

A chuva tinha terminado e a névoa se dispersara. A noite estava bonita novamente.

Hercule Poirot encontrou a sra. Redfern no assento favorito dela, na borda do rochedo. Parou ao lado e disse:

– Esse assento está molhado. A senhora não deveria ficar sentada aqui. Vai apanhar um resfriado.

– Não, não vou. E além do mais isso não tem nenhuma importância.

– Mas o que é isso? A senhora não é uma criança! É uma mulher educada. Precisa enfrentar as coisas com sensatez.

Ela disse friamente:

– Posso lhe garantir que eu nunca fico resfriada.

Poirot falou:

– O dia foi muito úmido. O vento soprou, a chuva caiu e havia névoa por toda parte, de modo que não era possível enxergar direito. *Eh bien,* como está o tempo agora? As névoas voaram para longe, o céu está limpo e nas alturas as estrelas brilham. É como a vida, madame.

Christine falou numa voz baixa e ardente:

– O senhor sabe o que mais me causa repugnância neste lugar?

– O que, madame?

– A compaixão.

Christine lançou a palavra como quem estala um chicote.

Ela continuou:

– O senhor acha que eu não sei? Que eu não enxergo? O tempo inteiro as pessoas ficam dizendo: "Pobre sra. Redfern... aquela pobre mulherzinha". E não porque eu seja uma mulherzinha pequena, eu sou alta. Dizem "mulherzinha" porque sentem pena de mim. E eu não consigo aguentar isso!

Com cuidado, Hercule Poirot estendeu o seu lenço sobre o assento e se sentou. Ele disse, pensativamente:

– A senhora tem razão nesse ponto.

– Aquela mulher... – Christine falou e se calou.

Poirot disse com uma expressão grave:

– A senhora me permite que eu lhe diga uma coisa, madame? Uma coisa que é tão verdadeira quanto as estrelas acima de nós? As Arlenas Stuart... ou as Arlenas Marshall... deste mundo... não importam.

Christine Redfern disse:

– Absurdo.

– Eu lhe garanto, é verdade. O império delas é o império do momento, voltado para o momento. Para importar... para importar de maneira real e verdadeira... uma mulher precisa ter bondade ou cérebro.

Christine falou com desdém:

– O senhor acha que os homens dão a mínima para bondade ou cérebro?

Poirot disse com gravidade:

– Fundamentalmente, sim.

Christine soltou uma breve risada.

Ela disse:

– Eu não concordo com o senhor.

Poirot falou:

– O seu marido a ama, madame. Eu sei disso.

– O senhor não pode saber.

– Sim, sim. Já observei o seu marido olhando a senhora.

De súbito Christine Redfern desmoronou. Chorou amarga e tempestuosamente no ombro acolhedor de Poirot.

Ela falou:

– Não consigo aguentar... não consigo aguentar...

Poirot deu alguns tapinhas no braço dela. Ele disse de modo reconfortante:

– Paciência... somente paciência.

Christine se endireitou no assento e pressionou seu lenço nos olhos. Ela disse numa voz sufocada:

– Está tudo bem. Já estou melhor. Me deixe sozinha. Eu... eu prefiro ficar só.

Ele obedeceu e a deixou ali sentada; começou a percorrer o caminho sinuoso que levava até o hotel.

Poirot estava quase chegando quando ouviu um murmúrio.

Ele desviou um pouco da trilha. Havia uma abertura entre os arbustos.

Ele viu Arlena Marshall ao lado de Patrick Redfern. Ouviu a voz do homem, uma voz que vibrava de emoção.

– Eu estou louco por você... louco... Você me deixou maluco... Você leva isso em conta um pouquinho... não leva?

Poirot viu o rosto de Arlena Marshall... um rosto que lembrava, ele pensou, uma gata macia e feliz... era um rosto animalesco, não era humano. Ela disse com suavidade:

– Claro, Patrick, meu querido, eu adoro você. Você sabe disso...

Dessa vez Hercule Poirot abreviou a sua escuta clandestina. Ele voltou para o caminho e seguiu na direção do hotel.

Um vulto se juntou a ele subitamente. Era o capitão Marshall.

Marshall disse:

– Uma noite notável, o senhor não acha? Depois de um dia tão abominável – ele olhou para o céu. – Parece que amanhã nós vamos ter tempo bom.

# Capítulo IV

## I

A manhã de 25 de agosto nasceu clara e sem nuvens. Era uma manhã capaz de tentar até mesmo um preguiçoso inveterado a sair da cama cedo.

Diversas pessoas saíram da cama cedo no Jolly Roger naquela manhã.

Eram oito horas quando Linda, sentada diante da sua penteadeira, virou para baixo um volume pequeno e grosso encadernado em couro, esparramando as páginas abertas, e olhou seu rosto no espelho.

Seus lábios se comprimiam com força, e as pupilas dos olhos estavam contraídas.

Ela disse num sussurro inaudível:

– Vou fazer isso, sim...

Ela tirou o pijama e colocou o maiô. Por cima do maiô, botou um roupão de banho; nos pés, alpargatas rendilhadas.

Linda saiu do quarto e avançou pelo corredor. No fim da passagem, uma porta dava para uma sacada e para uma escadaria externa que levava direto às rochas abaixo do hotel. Havia uma pequena escada de ferro fixada nas rochas pela qual era possível descer até a água, muito usada por hóspedes do hotel para um mergulho antes do café da manhã por tomar menos tempo do que uma descida até a praia de banho principal.

Começando a descer a escadaria na saída da sacada, Linda encontrou seu pai, que vinha em sentido contrário. Ele disse:

– Você se levantou cedo. Vai dar um mergulho?

Linda confirmou com a cabeça.

Ambos seguiram em frente.

Em vez de descer até as rochas, no entanto, Linda circundou o hotel pelo lado esquerdo até chegar à trilha que levava para o passadiço e conectava o hotel com o continente. A maré estava alta e submergira o passadiço, mas o barco que era usado na travessia dos hóspedes do hotel estava amarrado a um pequeno molhe. O homem encarregado da travessia encontrava-se ausente naquele momento. Linda entrou no barco, desamarrou a corda e remou até o continente.

Ela prendeu o barco no outro lado, subiu a rampa, passou pela garagem do hotel e seguiu até a loja.

A mulher tinha acabado de abrir as janelas e varria o chão. Ela pareceu ficar espantada com a visão de Linda.

– Ora, senhorita, isso é o que eu chamo de levantar *cedo*.

Linda colocou a mão no bolso do roupão e retirou algum dinheiro. Ela tratou de fazer as suas compras.

## II

Christine Redfern estava no quarto de Linda quando a garota retornou.

– Ah, aí está você – Christine exclamou. – Eu achava que você não poderia já estar realmente de pé.

Linda disse:

– Não, eu fui tomar um banho de mar.

Reparando no embrulho na mão dela, Christine disse com surpresa:

– O correio chegou cedo hoje.

Linda corou. Com o seu costumeiro descuido nervoso, o embrulho escapou de suas mãos. O barbante fino rebentou e parte do conteúdo rolou pelo chão.

Christine exclamou:

– Com qual objetivo você andou comprando *velas*?

No entanto, para o alívio de Linda, ela não esperou por uma resposta, mas continuou falando, enquanto a ajudava a pegar as coisas no chão:

– Vim aqui perguntar se você gostaria de ir comigo para Gull Cove nesta manhã. Quero fazer alguns esboços por lá.

Linda aceitou com entusiasmo.

Nos últimos dias ela tinha acompanhado Christine Redfern mais do que uma vez em expedições de desenho. Christine era uma artista um tanto mediana, mas era possível que encontrasse na desculpa da pintura uma ajuda para o seu orgulho, agora que o marido dela passava a maior parte do tempo com Arlena Marshall.

Linda Marshall vinha se comportando de uma maneira cada vez mais sombria e mal-humorada. Ela gostava da companhia de Christine porque esta, concentrada em seu trabalho, falava muito pouco. Aquilo era, Linda sentia, quase tão bom quanto ficar só, e de uma forma curiosa ela ansiava por ter uma companhia de algum tipo. Havia uma sutil espécie de afinidade entre ela e a mulher mais velha, provavelmente baseada no fato do compartilhado desgosto em relação à mesma pessoa.

Christine disse:

– Eu vou jogar tênis ao meio-dia, então é melhor sairmos cedo. Dez e meia?

– Combinado. Vou estar pronta. Encontro a senhora no saguão.

## III

Rosamund Darnley, saindo da sala de jantar após um café da manhã muito tardio, foi abalroada por

Linda enquanto esta última vinha descendo as escadas em disparada.

– Ah, me desculpe, srta. Darnley.

Rosamund falou:

– Uma manhã adorável, não é mesmo? Quase difícil de acreditar depois de ontem.

– É verdade. Estou indo até Gull Cove com a sra. Redfern. Combinei de esperar por ela às dez e meia. Achei que estava atrasada.

– Não, ainda faltam cinco minutos.

– Ah, ótimo.

Ela estava um pouco ofegante; Rosamund olhou para ela com curiosidade.

– Você não está com febre, está, Linda?

Os olhos da garota estavam muito brilhantes e ela tinha uma vívida mancha colorida em cada bochecha.

– Ah, *não*! Eu nunca fico com febre.

Rosamund sorriu e disse:

– O dia está tão adorável que eu me levantei para tomar café da manhã. Normalmente tomo o café na cama. Mas hoje eu desci e enfrentei os ovos e o bacon como um homem.

– É verdade... o dia está magnífico em comparação a ontem. Gull Cove é agradável pela manhã. Vou colocar bastante óleo bronzeador e ficar bem morena.

Rosamund disse:

– Sim, Gull Cove é agradável pela manhã. E é um lugar mais tranquilo do que a praia daqui.

Linda falou com timidez:

– Venha também.

Rosamund balançou a cabeça.

– Esta manhã eu não posso. Tenho outra coisa para fazer.

Christine Redfern veio descendo pela escadaria.

Ela vestia uma saída de praia com um corte folgado e solto, de mangas longas e pernas largas; o tecido era verde com desenhos amarelos. Rosamund quase não conseguiu segurar a língua para lhe dizer que amarelo e verde eram as cores mais inadequadas para o seu tom de pele branco e ligeiramente anêmico. Rosamund sempre ficava incomodada quando as pessoas não demonstravam um mínimo de noção quanto às roupas.

Ela pensou: "Se eu vestisse essa jovem, *eu* depressa faria com que o marido levantasse a cabeça e prestasse atenção nela. Por mais tola que Arlena seja, pelo menos ela sabe se vestir. Esta jovem infeliz parece uma alface murcha".

Em voz alta ela disse:

– Divirtam-se. Estou indo para Sunny Ledge com um livro.

## IV

Hercule Poirot tomou o seu café da manhã como de costume, em seu quarto, com café e pãezinhos.

A beleza da manhã, no entanto, fez com que ele cedesse à tentação de sair do hotel mais cedo do que o habitual. Às dez horas, pelo menos meia hora antes de sua costumeira aparição, ele desceu até a praia de banho. A praia em si estava vazia, com exceção de uma única pessoa.

Essa pessoa era Arlena Marshall.

Usando seu maiô branco, com o chapéu chinês verde na cabeça, ela estava tentando lançar na água um pedalinho branco de madeira. Poirot se aproximou galantemente para lhe dar socorro, imergindo por completo seus sapatos de camurça branca.

Ela lhe agradeceu com um de seus típicos olhares enviesados.

Bem quando estava conseguindo se afastar, Arlena o chamou:

– Monsieur Poirot?

Poirot saltou de novo na beira da água.

– Madame?

Arlena Marshall disse:

– O senhor poderia me fazer um favor?

– Qualquer coisa.

Ela lhe sorriu e murmurou:

– Não diga para ninguém que eu estou aqui – e transformou seu olhar numa súplica. – Todo mundo *vai* ficar atrás de mim. Eu só quero ficar *sozinha* desta vez.

Ela se afastou com pedaladas vigorosas.

Poirot saiu caminhando pela praia. Ele murmurou consigo:

– *Ah ça, jamais!* Nisso, *par exemple*, eu não acredito!

Ele duvidava que Arlena Stuart, para lhe dar o seu nome artístico, alguma vez tivesse desejado ficar sozinha em sua vida.

Hercule Poirot, um homem mais do que vivido, sabia que aquilo não era normal. Arlena Marshall tinha sem dúvida um encontro marcado, e Poirot fazia uma boa ideia de quem ela encontraria.

Ou pensava que fazia, mas nisso ele constatou estar enganado.

Porque, assim que o pedalinho dobrou a extremidade da baía e desapareceu de vista, Patrick Redfern, seguido de perto por Kenneth Marshall, veio caminhando pela praia, tendo saído do hotel.

Marshall cumprimentou Poirot com um aceno de cabeça.

– Bom dia, Poirot. Viu a minha mulher em algum lugar?

A resposta de Poirot foi diplomática:

– Madame saiu da cama tão cedo assim?

Marshall retrucou:

– Arlena não está no quarto – ele olhou para o céu. – Um dia encantador. Vou dar um mergulho agora mesmo. Tenho muita coisa para datilografar esta manhã.

Patrick Redfern, menos abertamente, ficou observando todos os pontos da praia. Ele sentou-se perto de Poirot e preparou-se para esperar a chegada de sua dama.

Poirot perguntou:

– E madame Redfern? Por acaso ela também saiu da cama cedo?

Patrick Redfern falou:

– Christine? Ah, ela saiu para desenhar. Ela só pensa em arte nos últimos tempos.

Ele falava de modo impaciente, seus pensamentos claramente ocupados com outra coisa. Passado algum tempo, começou a demonstrar sua impaciência em relação à chegada de Arlena de uma maneira um tanto grosseira. A cada vez que ouvia passos, Patrick Redfern girava ansiosamente a cabeça para ver quem estava saindo do hotel.

Os desapontamentos eram sucedidos por desapontamentos.

Primeiro chegaram o sr. e a sra. Gardener, munidos de tricô e livro, e depois a srta. Brewster.

A sra. Gardener, diligente como sempre, se acomodou em sua cadeira e começou a tricotar vigorosamente – falando ao mesmo tempo:

– Bem, Monsieur Poirot, a praia parece estar muito deserta esta manhã. Onde *está* todo mundo?

Poirot respondeu que os Masterman e os Cowan, duas famílias com jovens, tinham saído numa excursão de barco que duraria o dia inteiro.

– Ora, isso faz certamente toda a diferença, não tê-los em volta rindo e gritando. E uma única pessoa tomando banho, o capitão Marshall.

Marshall tinha justamente terminado o seu mergulho. Ele vinha subindo a praia, balançando sua toalha.

– Está muito bom no mar esta manhã – ele disse. – Infelizmente, eu tenho um monte de trabalho por fazer. Preciso voltar e me dedicar.

– Ah, é uma pena, capitão Marshall. Num dia lindo como este, ainda por cima. Nossa, ontem não estava simplesmente terrível? Eu disse para o sr. Gardener que, se o tempo continuasse daquele jeito, nós teríamos de partir. É uma melancolia, sabe, com a névoa nos cercando e tomando conta da ilha toda. Dá na gente uma sensação fantasmagórica, mas a verdade é que eu sempre fui muito suscetível à atmosfera, desde que eu era criança. Às vezes, sabe, eu sentia que simplesmente precisava gritar sem parar. E isso, é claro, era uma grande provação para os meus pais. Mas a minha mãe era uma mulher adorável, e ela costumava dizer para o meu pai: "Sinclair, se a criança se sente desse jeito, precisamos deixá-la fazer o que quiser fazer. Gritar é o modo que ela tem de se exprimir". E, é claro, o meu pai concordava. Ele era muito dedicado à minha mãe e fazia tudo que ela pedia. Os dois formavam um casal adorável, e o sr. Gardener certamente concordará com isso. Eles formavam um casal notável, não é mesmo, Odell?

– Isso mesmo, querida – disse o sr. Gardener.

– E onde está a sua menina nesta manhã, capitão Marshall?

– Linda? Não sei. Imagino que esteja devaneando em algum canto da ilha.

– Sabe, capitão Marshall, essa menina me parece um pouco fraca. Ela precisa se alimentar e receber um tratamento muito, muito atencioso.

Kenneth Marshall disse de forma brusca:

– Linda está bem.

Ele subiu para o hotel.

Patrick Redfern não entrou na água. Ficou sentado, olhando abertamente para o hotel. Estava começando a deixar transparecer uma sombra de mau humor.

A srta. Brewster se mostrou enérgica e jovial quando apareceu.

A conversa tomou praticamente o mesmo rumo da manhã anterior: tagarelice suave por parte da sra. Gardener e curtos latidos em *staccato* por parte da srta. Brewster.

Ela comentou afinal:

– A praia parece um pouco vazia. Todo mundo saiu em excursões?

A sra. Gardener disse:

– Estive dizendo nesta manhã mesmo para o sr. Gardener que nós simplesmente precisamos fazer uma excursão para Dartmoor. Fica muito perto e as associações são todas tão românticas. E eu gostaria também de ver aquele presídio... Princetown, não é isso? Acho que seria melhor decidirmos agora mesmo e irmos para lá amanhã, Odell.

O sr. Gardener disse:

– Sim, querida.

Hercule Poirot perguntou à srta. Brewster:

– Vai tomar um banho, mademoiselle?

– Ah, eu já dei o meu mergulho matinal antes do café da manhã. Alguém, aliás, por muito pouco não me arrebentou a cabeça com um frasco de vidro. Arremessado de uma das janelas do hotel.

– Eis aí uma coisa muito perigosa de se fazer – disse a sra. Gardener. – Um estimado amigo meu teve uma concussão causada por uma lata de pasta de dente que caiu sobre ele na rua... atirada de uma janela do trigésimo quinto andar, isso mesmo. Uma coisa muitíssimo perigosa. Ele ganhou uma indenização substancial – a sra. Gardener começou a fazer uma busca entre as suas meadas de lã. – Ora, Odell, não creio que eu tenha trazido aquele segundo tom de lã púrpura. Está na segunda gaveta da cômoda no nosso quarto, ou pode ser que esteja na terceira.

– Sim, querida.

Obedientemente, o sr. Gardener se levantou e partiu em sua missão.

A sra. Gardener continuou:

– Às vezes, sabe, eu acredito mesmo que talvez estejamos indo um pouco longe demais hoje em dia. Com todas as nossas grandes descobertas e todas as ondas elétricas que devem existir na atmosfera, acredito mesmo que tudo isso acaba levando a uma grande quantidade de inquietação mental, e eu simplesmente sinto que talvez tenha chegado a hora de uma nova mensagem para a humanidade. Eu não sei, Monsieur Poirot, se o senhor alguma vez teve interesse pelas profecias das pirâmides.

– Nunca – disse Poirot.

– Bem, eu posso lhe garantir que elas são muito, muito interessantes. Com Moscou a exatamente mil milhas ao norte de... o que era mesmo?... seria Nínive?... Mas de todo modo você pega um círculo e ele simplesmente acaba mostrando as coisas mais surpreendentes... e a pessoa consegue simplesmente ver que deve ter havido alguma orientação especial, e que aqueles egípcios antigos não poderiam ter inventado tudo aquilo que inventaram totalmente sozinhos. E quando você entra na teoria dos números e da sua repetição, ora, tudo fica simplesmente tão claro que eu não consigo entender como alguém pode duvidar por um segundo da verdade de tudo aquilo.

A sra. Gardener fez uma pausa triunfal, mas nem Poirot e tampouco a srta. Emily Brewster se sentiram impelidos a discutir o assunto.

Poirot contemplou com pesar os seus sapatos brancos de camurça.

Emily Brewster perguntou:

– O senhor esteve andando de pedalinho sem tirar os sapatos, Monsieur Poirot?

Poirot murmurou:

– Ai de mim! Agi de maneira precipitada.

Emily Brewster baixou o tom de sua voz. Ela falou:

– Onde foi parar a nossa vamp esta manhã? Ela está atrasada.

A sra. Gardener, levantando os olhos do seu tricô para observar Patrick Redfern, murmurou:

– Ele parece uma nuvem de tempestade. Minha nossa, eu realmente sinto que essa coisa toda é tão lastimável. Fico tentando imaginar o que o capitão Marshall pensa de tudo isso. É um homem tão simpático e tranquilo... muito britânico e despretensioso. A gente simplesmente nunca consegue saber o que ele está pensando sobre as coisas.

Patrick Redfern se levantou e começou a caminhar de um lado para o outro pela praia.

A sra. Gardener murmurou:

– Ele parece um tigre.

Três pares de olhos vigiavam os passos dele. O escrutínio parecia deixar Patrick Redfern desconfortável. Ele parecia estar mais do que mal-humorado agora. Parecia estar ficando furioso.

No silêncio que se mantinha lhes chegou aos ouvidos, vindo do continente, um débil som de sino.

Emily Brewster murmurou:

– O vento está vindo do leste de novo. É um bom sinal quando você consegue ouvir a badalada do relógio da igreja.

Nada mais foi dito por ninguém até que o sr. Gardener retornou do hotel com uma brilhante meada de lã magenta.

– Ora, Odell, mas que demora foi essa?

– Desculpe-me, querida, mas a lã não estava na sua cômoda. Encontrei a meada na sua prateleira do roupeiro.

– Ora, isso não é extraordinário? Eu poderia ter declarado sob juramento que tinha colocado a lã naquela gaveta da cômoda. Acredito mesmo que eu tenho sorte por nunca ter precisado prestar depoimento num caso de tribunal. Eu simplesmente ficaria morrendo de preocupação caso não conseguisse me lembrar direito de alguma coisa.

O sr. Gardener disse:

– A sra. Gardener é muito consciençiosa.

## V

Mais ou menos cinco minutos depois, Patrick Redfern falou:

– Vai sair para remar nesta manhã, srta. Brewster? A senhorita se importaria se eu fosse junto?

A srta. Brewster disse com entusiasmo:

– Eu ficaria encantada.

Redfern propôs:

– Nós poderíamos dar uma volta na ilha toda.

A srta. Brewster consultou seu relógio.

– Teremos tempo? Ah, claro que sim, ainda não são nem onze e meia. Vamos lá, então, venha.

Os dois desceram juntos pela praia.

Patrick Redfern ficou com o primeiro turno nos remos. Ele remava com movimentos poderosos. O barco avançou com ímpeto.

Emily Brewster falou, em tom de aprovação:

– Ótimo. Vejamos se o senhor consegue manter esse ritmo.

Patrick Redfern sorriu para ela. Seu ânimo havia melhorado.

– Eu provavelmente vou ter uma bela coleção de bolhas quando nós chegarmos de volta – ele fez um movimento ágil com a cabeça, jogando para trás seu cabelo preto. – Meu Deus, o dia está maravilhoso! Quando se consegue ter um verdadeiro dia de verão na Inglaterra, não há nada capaz de superar isso.

Emily Brewster disse rispidamente:

– Nada é capaz de superar a Inglaterra de nenhuma forma, na minha opinião. É o único lugar do mundo no qual se pode viver.

– Estou com a senhorita.

Eles dobraram a extremidade da baía na direção oeste e remaram sob os rochedos. Patrick Redfern olhou para o alto.

– Alguém em Sunny Ledge nesta manhã? Sim, eu estou vendo uma sombrinha. Quem será?

Emily Brewster disse:

– É a srta. Darnley, eu creio. Ela tem um desses negócios japoneses.

Eles seguiram remando pela costa. À esquerda estendia-se o mar aberto.

Emily Brewster disse:

– Nós devíamos ter partido no sentido contrário. Desse jeito ficamos com a corrente contra nós.

– A corrente é bem fraca. Já nadei por aqui e não senti nada. De todo modo nós não teríamos como seguir na outra direção, o passadiço não estaria submerso.

– Depende da maré, é claro. Mas sempre dizem que tomar banho em Pixy Cove é perigoso se você nadar longe demais.

Patrick ainda remava vigorosamente. Ao mesmo tempo, ficava esquadrinhando atentamente os rochedos.

Emily Brewster pensou de súbito: "Ele está procurando pela mulher do capitão Marshall. É por isso que quis vir comigo. A mulher não apareceu esta manhã e ele quer descobrir o que ela está aprontando. Provavelmente ela fez isso de propósito. Apenas uma jogada... para deixá-lo mais obcecado".

Eles dobraram a ponta rochosa saliente ao sul da pequena baía chamada Pixy Cove. Tratava-se de uma enseada bastante pequena, com rochas distribuídas de maneira fantástica pela praia. Ela ficava quase voltada para noroeste; o penhasco se projetava por cima de forma imponente. Era o lugar preferido para os piqueniques vespertinos. No período da manhã, com o sol escondido, a enseada não era popular, e raras vezes alguém aparecia por ali.

Naquela ocasião, entretanto, havia um vulto na praia.

As remadas de Patrick Redfern cessaram de maneira repentina e então recomeçaram.

Ele falou num tom pretensamente casual:

– Veja só, quem será ali?

A srta. Brewster disse com secura:

– Parece ser a sra. Marshall.

Patrick Redfern disse, como que espantado pela constatação:

– Parece mesmo.

Ele alterou sua rota, remando rumo à ilha.

Emily Brewster protestou:

– Não queremos desembarcar aqui, queremos?

Patrick Redfern falou rapidamente:

– Ah, temos tempo de sobra.

Os olhos dele sondaram os olhos dela – alguma coisa neles, uma expressão ingênua de súplica que era quase a expressão de um cão importuno, silenciou Emily Brewster.

"Pobre menino, ele está totalmente enfeitiçado. Ah, bem, não há como evitar. Ele vai superar com o tempo."

O barco se aproximava rapidamente da praia.

Arlena Marshall estava deitada de rosto para baixo em cima dos seixos, os braços estendidos para os lados. O pedalinho branco estava parado perto dela.

Algo estava deixando Emily Brewster intrigada. Era como se ela estivesse olhando para algo que conhecia bastante bem, mas que estava, sob um aspecto, bastante errado.

Foi depois de um ou dois minutos que a constatação lhe ocorreu.

A postura de Arlena Marshall era a postura de alguém que tomava banho de sol. Na mesma posição ela ficara deitada inúmeras vezes na praia junto ao hotel, seu corpo bronzeado estendido e o chapéu chinês verde lhe protegendo a cabeça e o pescoço.

Mas não havia nada de sol em Pixy's Beach e não haveria sol nenhum por algumas horas ainda. O penhasco dominante protegia a praia do sol no período da manhã. Um vago sentimento de apreensão se apoderou de Emily Brewster.

O barco se firmou nos seixos. Patrick Redfern chamou:

– Oi, Arlena!

E então o pressentimento de Emily Brewster assumiu uma forma definida. Porque o vulto deitado não se mexeu e não respondeu.

Emily viu uma transformação no rosto de Patrick Redfern. Ele saltou do barco e ela o seguiu. Os dois arrastaram o barco na praia e depois avançaram até o local onde aquele vulto branco se mantinha tão imóvel e impassível, perto da base do penhasco.

Patrick Redfern chegou ao local primeiro, mas Emily Brewster o seguia de perto.

Ela viu, como quem vê num sonho, os membros bronzeados, o maiô branco sem costas... o cacho de cabelo ruivo escapando sob o chapéu verde-jade... Viu outra coisa também... o ângulo curioso e anormal dos braços estendidos. Sentiu, nesse instante, que aquele corpo não se *deitara* no chão, que aquele corpo tinha sido *atirado*...

Ela ouviu a voz de Patrick – um mero sussurro assustado. Ele se ajoelhou ao lado da forma imóvel – tocou a mão, o braço...

Ele disse num sussurro baixo e trêmulo:

– *Meu Deus, ela está morta...*

E depois, enquanto levantava ligeiramente o chapéu, Redfern espiou o pescoço:

– *Ah, Deus, ela foi estrangulada... assassinada.*

## VI

Era um desses momentos em que o tempo fica parado.

Com uma esquisita sensação de irrealidade, Emily Brewster ouviu sua própria voz dizendo:

– Não devemos tocar em nada... não até que chegue a polícia.

A resposta de Redfern veio mecanicamente:

– Não... não... é claro que não. – E então num sussurro profundo e agonizante: – Quem? *Quem*? Quem poderia ter feito isso com Arlena? Ela não pode... não pode ter sido assassinada. Não pode ser verdade!

Emily Brewster balançou a cabeça, sem saber direito como responder.

Ela o ouviu tomar fôlego – ouviu a fúria baixa e controlada na voz de Patrick Redfern quando ele disse:

– Meu Deus, se eu botar as mãos no demônio imundo que fez isso...

Emily Brewster se arrepiou. Ela enxergou em sua imaginação um assassino espreitando atrás de uma das rochas. Então ouviu sua voz dizendo:

– Quem quer que tenha feito isso não ficaria escondido por aqui. Nós precisamos chamar a polícia. Talvez... – ela hesitou – um de nós devesse ficar com... com o corpo.

Patrick Redfern disse:

– Eu fico.

Emily Brewster soltou um pequeno suspiro de alívio. Ela não era o tipo de mulher que jamais admitisse estar sentindo medo, mas se sentiu secretamente grata por não ter de permanecer sozinha naquela praia com a remota possibilidade de que algum maníaco homicida se mantivesse nas proximidades.

Ela disse:

– Certo. Vou ser tão rápida quanto possível. Vou com o barco. Não consigo enfrentar aquela escada. Há um policial em Leathercombe Bay.

Patrick Redfern murmurou mecanicamente:

– Sim... sim, faça como achar melhor.

Enquanto se afastava da praia, remando vigorosamente, Emily Brewster viu Patrick desabar ao lado da mulher morta e enterrar o rosto nas mãos. Havia algo tão desconsolado naquela postura que ela sentiu uma relutante compaixão. Ele parecia um cão velando a sua dona morta. Mesmo assim, o forte bom senso de Emily Brewster lhe dizia:

"Foi a melhor coisa que poderia ter acontecido para ele e para sua esposa... e para Marshall e a menina... mas não creio que *ele* consiga encarar dessa maneira, pobre coitado."

Emily Brewster era uma mulher que sempre tinha condições de enfrentar a contento uma emergência.

# Capítulo V

## I

O inspetor Colgate aguardou junto ao rochedo até que o médico-legista terminasse de examinar o corpo de Arlena. Patrick Redfern e Emily Brewster aguardavam a certa distância.

O dr. Neasdon se colocou de pé com um ágil movimento das pernas.

Ele disse:

– Estrangulada... e por um par de mãos bastante poderoso. Ela não parece ter oferecido grande resistência. Apanhada de surpresa. Hmm... pois é... um negócio tenebroso.

Emily Brewster dera uma rápida olhada no rosto da mulher morta e rapidamente desviara o olhar. Aquele horrível semblante convulsionado e púrpura...

O inspetor Colgate perguntou:

– E quanto à hora da morte?

Neasdon falou com irritação:

– Não posso dizer em definitivo antes de saber mais a respeito da vítima. Há inúmeros fatores para levar em conta. Vejamos, agora faltam quinze minutos para a uma. Que horas eram quando o senhor a encontrou?

Patrick Redfern, a quem a pergunta era endereçada, disse vagamente:

– Um pouco antes do meio-dia. Não sei ao certo.

Emily Brewster disse:

– Era exatamente quinze para o meio-dia quando nós constatamos que ela estava morta.

– Ah, e vocês vieram para cá no barco. Que horas eram quando vocês avistaram a vítima deitada aqui?

Emily Brewster ponderou.

– Eu diria que nós dobramos a extremidade da ilha uns cinco ou seis minutos antes. – Ela se virou para Redfern: – O senhor concorda?

Ele respondeu vagamente:

– Sim... sim... mais ou menos isso, eu acredito.

Neasdon perguntou ao inspetor em voz baixa:

– É esse o marido? Ah! Entendi, engano meu. Pensei que poderia ser. Ele parece um tanto abalado com a situação.

Ele disse numa voz alta e oficial:

– Deixemos em algo como vinte minutos para o meio-dia. Ela não pode ter sido morta muito antes disso. Digamos que entre esse horário e as onze... quinze para as onze como o limite mais afastado possível.

O inspetor fechou com uma batida o seu caderno de anotações.

– Obrigado – ele disse. – Isso deverá nos ajudar consideravelmente. Coloca o crime dentro de limites muito estreitos... menos de uma hora no total.

Ele se virou para a srta. Brewster:

– Pois bem, creio que está tudo bastante claro até agora. A senhorita se chama Emily Brewster e este é o sr. Patrick Redfern, ambos hospedados no Jolly Roger Hotel. Vocês identificam esta senhora como sendo uma hóspede desse mesmo hotel? Como a esposa de um certo capitão Marshall?

Emily Brewster confirmou com a cabeça.

– Sendo assim – disse o inspetor Colgate –, creio que podemos nos transferir para o hotel.

Ele chamou um policial.

– Hawkes, você fica aqui e não permite que ninguém se aproxime desta enseada. Vou mandar Phillips para cá mais tarde.

## II

– Não posso acreditar! – exclamou o coronel Weston. – Que grande surpresa encontrá-lo por aqui!

Hercule Poirot respondeu de modo apropriado à saudação do chefe de polícia. Ele murmurou:

– Ah, sim, muitos anos já se passaram desde aquele caso em St. Loo.

– Eu não me esqueci dele, no entanto – disse Weston. – A maior surpresa da minha vida. O que eu nunca consegui superar, no entanto, foi o modo com o qual o senhor conseguiu resolver aquele negócio do funeral. Absolutamente heterodoxo. Fantástico!

– *Tout de même, mon colonel* – disse Poirot. – A solução foi obtida, não foi?

– Hã... bem, provavelmente. Mas eu me atrevo a dizer que acabaríamos chegando lá com métodos mais ortodoxos.

– É possível – Poirot concordou com diplomacia.

– E eis o senhor aqui de novo, no calor de mais um assassinato – disse o chefe de polícia. – Alguma ideia sobre este caso?

Poirot falou lentamente:

– Nada definido... mas é um caso interessante.

– O senhor vai nos dar uma mão?

– Se o senhor permitir...

– Meu caro amigo, ficarei muito satisfeito com o seu auxílio. Não sei o suficiente ainda para decidir se será ou não um caso para a Scotland Yard. À primeira vista, parece que o nosso assassino deve estar muito perto, dentro de um raio limitado. Por outro lado, todas essas pessoas são desconhecidas por aqui. Para descobrir algo sobre elas e seus motivos será preciso ir para Londres.

Poirot disse:

– Sim, é verdade.

– Antes de mais nada – falou Weston –, precisamos descobrir quem viu por último, ainda viva, a mulher morta. A camareira lhe levou seu café da manhã às nove. A jovem da recepção, no térreo, viu a mulher passando pelo saguão e saindo por volta das dez.

– Meu amigo – disse Poirot –, suspeito que eu seja o homem que o senhor procura.

– O senhor a viu esta manhã? Qual era o horário?

– Cinco minutos depois das dez. Ela precisou da minha ajuda para lançar o pedalinho na água.

– E ela partiu no pedalinho?

– Sim.

– Sozinha?

– Sim.

– O senhor viu a direção que ela tomou?

– Ela dobrou aquela extremidade ali, à direita.

– Na direção de Pixy's Cove, é isso?

– Sim.

– E o horário então seria...?

– Eu diria que ela desapareceu da praia às 10h15.

Weston refletiu.

– Isso se encaixa de modo razoável. Quanto tempo o senhor deduz que ela levaria pedalando até a enseada?

– Ah, eu não sou nenhum especialista. Não ando em barcos e tampouco me exponho em pedalinhos. Talvez meia hora?

– É mais ou menos o que eu imagino – disse o coronel. – Ela não estaria com pressa, eu presumo. Bem, se ela chegou na enseada às quinze para as onze, isso se encaixa bastante bem.

– E o seu médico sugere que ela morreu em qual horário?

– Ah, Neasdon não se compromete. Ele é um camarada cauteloso. Quinze para as onze é o limite mais distante que ele deu.

Poirot assentiu com a cabeça. Ele disse:

– Existe um outro ponto que eu preciso mencionar. Enquanto se afastava de mim, a sra. Marshall me pediu para não dizer que eu a tinha visto.

Weston encarou Poirot.

Ele disse:

– Hmm, isso é bastante sugestivo, não é?

Poirot murmurou:

– Sim. Foi o que eu mesmo pensei.

Weston alisou o bigode. Ele disse:

– Ouça uma coisa, Poirot. O senhor é um homem bastante vivido. Que tipo de mulher era essa sra. Marshall?

Um débil sorriso se formou nos lábios de Poirot.

Ele perguntou:

– O senhor ainda não ouviu nada?

O chefe de polícia disse com secura:

– Eu sei o que as mulheres dizem a respeito dela. Seria de se esperar. Quanto há de verdade nisso? Ela *estava* mesmo tendo um caso com esse sujeito chamado Redfern?

– Eu diria que *sim*, sem dúvida.

– Ele a seguiu até aqui, é isso?

– Há motivos para supor que sim.

– E o marido? Sabia do caso? Como ele se sentia?

Poirot respondeu lentamente:

– Não é fácil saber o que o capitão Marshall sente ou pensa. Ele é um homem que não costuma demonstrar as suas emoções.

Weston disse de modo ríspido:

– Mas ele deve tê-las mesmo assim.

Poirot assentiu. Ele falou:

– Claro, ele deve tê-las.

## III

O chefe de polícia estava usando a maior delicadeza de seu temperamento em companhia da sra. Castle.

A sra. Castle era proprietária e gerente do Jolly Roger Hotel. Era uma mulher com quarenta e poucos anos dotada de um busto grande, um cabelo vermelho de hena bastante chamativo e um modo de falar quase ofensivamente sofisticado.

Ela estava dizendo:

– Como é que uma coisa dessas pode ter ocorrido no meu hotel! Eeeeu posso garantir que este sempre foi o lugar maaaaais tranquilo de que se tem notícia! As pessoas que vêm para cá são pessoas tãããão agradáveis. Nada de *arruaça*... se os senhores me entendem. Nada que se assemelhe aos grandes hotéis de St. Loo.

– Não tenho dúvida, sra. Castle – disse o coronel Weston. – Mas acidentes acontecem nos mais regrados... hã... nos mais regrados lares.

– Tenho certeeeza de que o inspetor Colgate confirmará o que eu disse – falou a sra. Castle, lançando um olhar de súplica na direção do inspetor, que se mantinha sentado com uma aparência muito solene. – Quanto às leis de licenciamento, sou muitíssimo cuidadosa. Nunca houve *qualquer* irregularidade.

– É claro, é claro – disse Weston. – Não estamos culpando a senhora de nenhuma maneira, sra. Castle.

– Mas isso tem um reflexo tãããão negativo para um estabelecimento... – disse a sra. Castle, seu grande busto arfando. – Só de pensar nas multidões barulhentas e boquiabertas... Claro que somente os hóspedes do hotel têm autorização para pisar na ilha... mesmo assim, sem dúvida eles virão até a praia para ficar *apontando*.

Ela estremeceu.

O inspetor Colgate aproveitou a oportunidade para tentar tirar algum proveito da conversa.

Ele disse:

– Com relação a esse ponto que a senhora acaba de trazer à discussão... O acesso à ilha. Como a senhora faz para manter as pessoas afastadas?

– Eeeeu sou *muitíssimo* exigente nesse aspecto.

– Sim, mas que medidas a senhora toma? *Como* as pessoas são mantidas à distância? As multidões em férias, no verão, se espalham por todos os lados como moscas.

A sra. Castle estremeceu ligeiramente de novo.

Ela disse:

– Isso é culpa dos *char-à-bancs*. Já vi dezoito estacionados ao mesmo tempo junto ao cais em Leathercombe Bay. Dezoito!

– Certamente. Como a senhora consegue evitar que os excursionistas venham para cá?

– Existem avisos. E depois, é claro, com a maré cheia, nós ficamos isolados.

– Sim, mas e quando a maré está baixa?

A sra. Castle explicou. No ponto onde o passadiço entrava na ilha existia um portão que dizia "Jolly Roger Hotel. Propriedade Privada. Acesso proibido exceto para o hotel". As rochas se elevavam de ambos os lados, direto do mar, e não podiam ser escaladas.

– Qualquer pessoa poderia pegar um barco, eu suponho, e remar em volta da ilha e desembarcar numa das enseadas, estou certo? A senhora não conseguiria impedir alguém de fazer isso. Existe um direito de acesso. A senhora não pode impedir alguém de ficar na praia entre a maré alta e a maré baixa.

Mas isso, segundo todas as aparências, acontecia muito raramente. Barcos podiam ser alugados no ancoradouro de Leathercombe Bay, mas dali havia uma longa distância para remar até a ilha, e também havia uma forte corrente logo na saída do ancoradouro de Leathercombe Bay.

Existiam avisos, também, tanto em Gull Cove quanto em Pixy Cove junto às escadas. Ela acrescentou que George ou William ficavam sempre vigiando na praia de banho propriamente dita, que era a mais próxima do continente.

– Quem são George e William?

– George é o responsável pela praia de banho. Supervisiona os trajes e os pedalinhos. William é o jardineiro. Ele cuida das trilhas e marca as quadras de tênis e assim por diante.

O coronel Weston disse com impaciência:

– Bem, uma coisa me parece perfeitamente clara. Não vou dizer que ninguém pudesse ter vindo de fora, mas quem quer que o fizesse correria um risco: o risco de ser visto. Trocaremos uma palavra com George e William logo mais.

A sra. Castle disse:

– Eeeeu não quero saber de excursionistas... eles são muito barulhentos, e frequentemente deixam cascas de laranja e maços de cigarro no passadiço e nas rochas, mas mesmo assim eu nuuunca pensei que algum deles pudesse acabar sendo um assassino. Minha nossa! Não encontro palavras para uma coisa tão terrível. Uma pessoa como a sra. Marshall assassinada... e o que é pior, ainda por cima... hã... *estrangulada*...

A sra. Castle mal conseguiu dizer a palavra. Pronunciou-a com a máxima relutância.

O inspetor Colgate disse, tranquilizador:

– Sim, trata-se de um negócio tenebroso.

– E os jornais... O *meu* hotel nos jornais!

Colgate falou com um débil sorriso:

– Ah, bem, isso serve de publicidade, de certa maneira.

A sra. Castle se empertigou. Seu grande busto arfou e, suspirando, ela disse num tom glacial:

– Não é esse o tipo de publicidade que me interessa, sr. Colgate.

O coronel Weston interveio. Ele disse:

– Pois bem, sra. Castle, a senhora pegou a lista dos hóspedes atuais do hotel, como eu lhe pedi?

– Sim, senhor.

O coronel Weston examinou os registros do hotel. Ele direcionou um olhar para Poirot, que era o quarto integrante do grupo reunido no escritório da gerente.

– É aqui que provavelmente a senhora será capaz de nos auxiliar por enquanto.

Ele leu os nomes.

– E quanto aos empregados?

A sra. Castle apresentou uma segunda lista.

– Temos quatro camareiras, o chefe dos garçons e três subordinados a ele, e Henry no bar. William é o responsável por engraxar as botas e os sapatos. Depois temos a cozinheira e duas subordinadas a ela.

– E quanto aos garçons?

– Bem, senhor, Albert, o maître, me veio do Vincent de Plymouth. Ele ficou lá por alguns anos. Os três subordinados a ele estão aqui faz três anos... um deles quatro. São óóótimos rapazes e muitíssimo respeitáveis. Henry trabalha aqui desde que o hotel foi aberto. Ele já faz parte da família.

Weston assentiu com a cabeça. Ele disse para Colgate:

– Tudo em ordem, ao que parece. Você vai interrogá-los, é claro. Obrigado, sra. Castle.

– O senhor não vai precisar de mais nada?

– Por enquanto não.

A sra. Castle saiu da sala rangendo.

Weston disse:

– A primeira coisa que precisamos fazer é falar com o capitão Marshall.

## IV

Kenneth Marshall respondeu tranquilamente às perguntas dirigidas a ele. Afora um ligeiro endurecimento de suas feições, ele se mostrava bastante calmo. Ao observá-lo ali, com a luz do sol entrando pela janela e incidindo nele, podia-se perceber que era um homem bonito. Aquelas feições harmônicas, os sérios olhos azuis, a boca firme. Sua voz era baixa e agradável.

O coronel Weston estava dizendo:

– Eu entendo perfeitamente, capitão Marshall, que deve ter sido um choque terrível para o senhor. Mas o senhor deve imaginar o quanto eu estou ansioso por obter as mais detalhadas informações o mais depressa possível.

Marshall assentiu com a cabeça.

Ele disse:

– Eu entendo perfeitamente. Prossiga.

– A sra. Marshall era a sua segunda esposa?

– Sim.

– E vocês ficaram casados por quanto tempo?

– Pouco mais do que quatro anos.

– E o nome dela antes de se casar?

– Helen Stuart. Seu nome artístico, nas atuações, era Arlena Stuart.

– Ela era atriz?

– Ela atuava no teatro de revista e em espetáculos musicais.

– Ela abandonou os palcos quando se casou?

– Não. Continuou atuando. Só se aposentou em definitivo mais ou menos um ano e meio atrás.

– Houve alguma razão especial para essa aposentadoria?

Kenneth Marshall pareceu ponderar.

– Não – ele disse. – Ela simplesmente disse que estava cansada daquilo tudo.

– Não foi por... hã... por obediência ao que o senhor desejava?

Marshall levantou as sobrancelhas.

– Não, não.

– O senhor se sentia contente pelo fato de que ela continuava atuando depois do casamento?

Marshall sorriu muito debilmente.

– Eu teria preferido que ela desistisse... isso sim. Mas não fiz nenhum drama por causa do assunto.

– Isso não causou nenhuma fonte de discórdia entre vocês dois?

– Certamente que não. A minha esposa era livre para fazer o que mais lhe agradasse.

– E... o casamento era feliz?

Kenneth Marshall disse com frieza:

– Certamente.

O coronel Weston fez uma pequena pausa. Então disse:

– Capitão Marshall, o senhor faz alguma ideia de quem poderia ter assassinado a sua esposa?

A resposta veio sem a menor hesitação:

– Não faço a mínima ideia.

– Ela tinha algum inimigo?

– Possivelmente.

– Hã?

O outro continuou rapidamente. Ele disse:

– Não me interprete mal, coronel. A minha esposa era uma atriz. Ela era também uma mulher muito atraente. Em ambos os aspectos ela despertava uma certa quantidade de ciúmes e invejas. Houve brigas por causa de papéis... houve rivalidade por parte de outras mulheres... houve uma boa dose, digamos assim, de inveja generalizada, de ódio, de malícia e todo tipo de desumanidade! Mas isso não quer dizer que houvesse alguém capaz de deliberadamente assassiná-la.

Hercule Poirot falou pela primeira vez. Ele disse:

– O que o senhor está realmente querendo dizer, monsieur, é que os inimigos dela eram na maioria, ou totalmente, mulheres?

Kenneth Marshall olhou para ele.

– Sim – ele disse. – É isso.

O chefe de polícia perguntou:

– O senhor não tem conhecimento de nenhum homem que guardasse algum rancor contra ela?

– Não.

– Ela já conhecia algum hóspede deste hotel?

– Acredito que já tivesse encontrado antes o sr. Redfern... numa recepção qualquer. Ninguém mais, até onde eu sei.

Weston fez uma pausa. Ele parecia estar deliberando se deveria ou não insistir no assunto. Então optou por desviar de rumo. Ele disse:

– Agora chegamos aos acontecimentos desta manhã. Quando foi a última vez que o senhor viu a sua esposa?

Marshall ficou calado por um minuto e então disse:

– Eu fui dar uma olhada no quarto dela no caminho para o café da manhã...

– Perdão, vocês ocupavam quartos separados?

– Sim.

– E que horas eram?

– Deve ter sido mais ou menos às nove horas.

– O que ela estava fazendo?

– Ela estava abrindo suas cartas.

– Ela disse alguma coisa?

– Nada que tivesse particular interesse. Só um "bom dia"... e que o dia estava muito bonito... esse tipo de coisa.

– Como lhe pareceu o comportamento dela? Nem um pouco diferente?

– Não, perfeitamente normal.

– Ela não parecia excitada, ou deprimida, ou irritada de alguma maneira?

– Eu certamente não notei nada disso.

Hercule Poirot disse:

– Ela mencionou em qualquer medida o conteúdo das cartas?

Mais uma vez um débil sorriso apareceu nos lábios de Marshall. Ele disse:

– Até onde consigo lembrar, ela disse que eram apenas contas.

– A sua esposa tomou o café da manhã na cama?

– Sim.

– Ela sempre fazia isso?

– Invariavelmente.

Hercule Poirot perguntou:

– A que horas ela geralmente descia?

– Ah, entre dez e onze... geralmente mais perto das onze.

Poirot prosseguiu:

– Se ela descesse às dez horas exatamente, isso seria muito surpreendente?

– Sim. Ela não costumava descer assim tão cedo.

– Mas foi o que ocorreu nesta manhã. Qual seria o motivo para isso na sua opinião, capitão Marshall?

Marshall disse sem qualquer vestígio de emoção:

– Eu não faço a menor ideia. Pode ser sido por causa do tempo... um dia extraordinário e tudo mais.

– O senhor notou a falta dela?

Kenneth Marshall se mexeu um pouco na cadeira. Ele disse:

– Fui dar uma olhada de novo no quarto dela depois do café da manhã. Estava vazio. Fiquei um pouco surpreso.

– E então o senhor desceu até a praia e me perguntou se eu a tinha visto?

– Hã... sim. – Com uma leve ênfase na voz ele acrescentou: – E o senhor disse que não tinha...

Os olhos inocentes de Hercule Poirot não titubearam. Com suavidade ele acariciou seu vasto e extravagante bigode.

Weston perguntou:

– O senhor tinha alguma razão especial para querer encontrar a sua esposa nesta manhã?

Marshall desviou seu olhar afavelmente para o chefe de polícia. Ele falou:

– Não, eu só queria saber onde ela estava, isso é tudo.

Weston fez uma pausa. Ele moveu ligeiramente sua cadeira. Sua voz assumiu uma modulação diferente. Ele disse:

– Momentos atrás, capitão Marshall, o senhor mencionou que a sua esposa já encontrara antes o sr. Patrick Redfern. A sua esposa conhecia bem o sr. Redfern?

Kenneth Marshall disse:

– Os senhores se importam se eu fumar?

Ele começou a mexer nos bolsos.

– Droga! Esqueci o cachimbo em algum lugar!

Poirot lhe ofereceu um cigarro, que ele aceitou. Ao acendê-lo, ele disse:

– Os senhores estavam me perguntando sobre Redfern. A minha esposa me contou que tinha topado com ele numa recepção qualquer.

– Ele era, então, apenas um conhecido superficial?

– Acredito que sim.

– Desde então... – o chefe de polícia fez uma pausa. – Eu soube que esse conhecimento acabou se transformando em algo bem mais íntimo.

Marshall disse com rispidez:

– O senhor soube disso, é mesmo? Quem lhe contou?

– É a fofoca corrente no hotel.

Por um momento os olhos de Marshall se dirigiram para Hercule Poirot. Fixaram-se nele com uma espécie de raiva fria. Ele disse:

– As fofocas de hotel são geralmente um emaranhado de mentiras!

– Possivelmente. Mas me parece que o sr. Redfern e a sua esposa davam certo fundamento para essa fofoca.

– Que fundamento?

– Os dois ficavam constantemente na companhia um do outro.

– Isso é tudo?

– O senhor não nega que era assim?

– Pode ter acontecido. Eu realmente não percebi nada.

– O senhor não... me perdoe, capitão Marshall... não tinha objeções a essa amizade da sua esposa com o sr. Redfern?

– Eu não tinha o hábito de criticar a conduta da minha mulher.

– O senhor não fez nenhuma espécie de protesto ou objeção?

– Por certo que não.

– Nem mesmo pela circunstância de que essa amizade estava se tornando objeto de escândalo e de que uma desavença estava se fortalecendo entre o sr. Redfern e a esposa dele?

Kenneth Marshall disse com frieza:

– Eu cuido da minha própria vida e espero que as outras pessoas cuidem das suas. Não dou ouvidos para fofocas e mexericos.

– Não nega que o sr. Redfern admirava a sua esposa?

– É provável que ele admirasse. Quase todos os homens admiravam a minha esposa. Ela era uma mulher muito bonita.

– Mas o senhor estava persuadido, pessoalmente, de que não havia nada de sério no caso?

– Nunca cheguei a pensar nisso, eu lhes garanto.

– E digamos que nós tivéssemos uma testemunha de que os dois estavam se relacionando num nível de grande intimidade...

Mais uma vez aqueles olhos azuis se dirigiram para Hercule Poirot. Mais uma vez uma expressão de desgosto transpareceu naquele rosto normalmente impassível.

Marshall disse:

– Se os senhores quiserem ouvir essas histórias, ouçam. A minha esposa está morta e não pode se defender.

– Quer dizer que o senhor, pessoalmente, não acredita nelas?

Pela primeira vez um ligeiro orvalho de suor pôde ser observado na testa de Marshall. Ele disse:

– Eu me recuso a acreditar em qualquer coisa desse tipo.

Ele prosseguiu:

– Os senhores não estão se afastando demais do ponto essencial? O que eu acredito ou não acredito certamente não é relevante em relação ao simples fato do assassinato.

Hercule Poirot retrucou antes que qualquer um dos outros pudesse falar:

– O senhor não está compreendendo, capitão Marshall. Não existe essa coisa de simples fato do assassinato. O assassinato resulta, em noventa por cento dos casos, do caráter e das circunstâncias da pessoa assassinada. *Porque* a vítima era o tipo de pessoa que era, fosse homem ou mulher, *por isso* foi assassinada! Até que possamos entender, de modo pleno e completo, *exatamente o tipo de pessoa que Arlena Marshall era*, não teremos condições de enxergar com clareza exatamente *o tipo de pessoa que a matou.* Disso resulta a necessidade das nossas perguntas.

Marshall se virou para o chefe de polícia. Ele disse:

– Essa é a sua opinião também?

Weston hesitou um pouco. Ele disse:

– Bem, até certo ponto... quero dizer...

Marshall soltou uma curta risada. Ele falou:

– Achei que o senhor não ia concordar. Essa coisa de caráter é especialidade de Monsieur Poirot, eu acredito.

Poirot disse, sorrindo:

– Ao menos o senhor pode se congratular por não ter feito nada para me ajudar!

– O que o senhor quer dizer com isso?

– O que foi que o senhor nos contou sobre a sua esposa? Exatamente nada. O senhor nos contou apenas aquilo que qualquer pessoa poderia ver por conta própria. Que ela era bonita e admirada. Nada mais.

Kenneth Marshall encolheu os ombros. Ele disse simplesmente:

– O senhor está louco.

Ele olhou para o chefe de polícia e falou com ênfase:

– *O senhor* quer que eu lhe diga mais alguma coisa?

– Sim, capitão Marshall, os seus próprios movimentos nesta manhã, por favor.

Kenneth Marshall assentiu. Ele claramente estivera esperando por isso.

Ele disse:

– Eu tomei o café da manhã no térreo por volta das nove horas, como de costume, e li o jornal. Como eu já disse, fui até o quarto da minha mulher depois e constatei que ela tinha saído. Desci até a praia, vi Monsieur Poirot e lhe perguntei se ele a tinha visto. Depois tomei rápido um banho de mar e voltei para o hotel. Eram então, vamos ver, umas 10h40... sim, mais ou menos isso. Eu vi o relógio no saguão. Subi para o meu quarto, mas a camareira ainda não tinha terminado seu serviço. Pedi que ela terminasse o mais depressa possível. Eu tinha algumas cartas para datilografar e mandar pelo correio. Desci para o térreo de novo e troquei uma ou duas palavras com Henry no bar. Subi de novo para o meu quarto às 10h50. Então eu escrevi as cartas. Escrevi até as 11h50. Então vesti um traje de tênis, porque eu tinha marcado de jogar tênis ao meio-dia. Nós tínhamos reservado a quadra no dia anterior.

– Nós quem?

– A sra. Redfern, a srta. Darnley, o sr. Gardener e eu. Eu desci ao meio-dia e fui até a quadra. A srta. Darnley estava lá com o sr. Gardener. A sra. Redfern chegou alguns minutos depois. Nós jogamos tênis durante uma hora. Quando entramos no hotel mais tarde eu... eu... recebi a notícia.

– Obrigado, capitão Marshall. Só por questão de formalidade, existe alguém que possa corroborar o fato de que o senhor ficou datilografando no seu quarto entre... hã... entre as 10h50 e as 11h50?

Kenneth Marshall disse com um débil sorriso:

– Os senhores acalentam alguma ideia de que eu matei a minha própria esposa? Vejamos, então. A camareira estava em volta arrumando os quartos. Ela deve ter escutado a máquina de escrever sendo usada. E depois temos as próprias cartas. Com toda essa perturbação eu não consegui mandá-las para o correio. Imagino que elas devam valer por uma evidência tão boa quanto qualquer outra.

Marshall tirou três envelopes do bolso. Estavam endereçados mas não tinham selo. Ele disse:

– O conteúdo das cartas, a propósito, é estritamente confidencial. Entretanto, quando se trata de um assassinato, somos forçados a confiar na discrição da polícia. Elas contêm listagens de números e várias declarações financeiras. Creio que os senhores constatarão que, se colocarem um dos seus homens para copiar tudo numa máquina de escrever, ele não levará muito menos do que uma hora.

Ele fez uma pausa.

– Satisfeitos, eu espero?

Weston disse com suavidade:

– Não é uma questão de suspeita. Todas as pessoas nesta ilha serão convidadas a explicar seus movimentos entre as 10h45 e as 11h40 desta manhã.

Kenneth Marshall falou:

– Muito bem.

Weston disse:

– Só mais uma coisa, capitão Marshall. O senhor sabe se a sua esposa deixou orientações sobre quaisquer bens que possuísse?

– O senhor se refere a um testamento? Não creio que ela tenha feito um testamento.

– Mas o senhor não tem certeza?

– Os advogados dela são da Barkett, Markett & Applegood, de Bedford Square. Eles cuidavam de todos os contratos dela etc. Mas eu tenho quase certeza de que ela nunca fez um testamento. Ela disse uma vez que fazer uma coisa dessas lhe causava arrepios.

– Nesse caso, se ela morreu intestada, o senhor, na condição de marido, herda todos os bens dela.

– Sim, suponho que sim.

– Ela tinha familiares próximos?

– Creio que não. Se tinha, nunca mencionou ninguém. Sei que pai e mãe morreram quando ela era criança, e ela não tinha nenhum irmão ou irmã.

– De todo modo, suponho eu, ela não tinha nada de muito valioso para deixar...

Kenneth Marshall disse com frieza:

– Pelo contrário. Apenas dois anos atrás, Sir Robert Erskine, que era um velho amigo dela, morreu e lhe deixou a maior parte de sua fortuna. O montante chegava, creio eu, a cerca de cinquenta mil libras.

O inspetor Colgate ergueu os olhos. Uma expressão de alerta tomou conta de seu semblante. Até ali ele se mantivera em silêncio. Agora ele perguntou:

– Então, na verdade, capitão Marshall, a sua esposa era uma mulher rica?

Kenneth Marshall encolheu os ombros.

– Acho que era, de fato.

– E o senhor afirma mesmo assim que ela não deixou testamento?

– Os senhores podem perguntar aos advogados. Mas eu estou bastante seguro de que ela não deixou. Como eu já disse, ela pensava que isso lhe daria azar.

Houve uma pausa e então Marshall acrescentou:

– Mais alguma coisa?

Weston balançou a cabeça.

– Acho que não... Colgate? Não. Mais uma vez, capitão Marshall, permita que eu lhe apresente as minhas maiores condolências pela sua perda.

Marshall piscou os olhos. Ele disse espasmodicamente:

– Ah... obrigado.

Ele saiu.

## V

Os três homens se entreolharam.

Weston disse:

– Um sujeito frio e calculista. Não vai abrir o jogo de maneira nenhuma, certo? Qual é a sua opinião sobre ele, Colgate?

O inspetor balançou a cabeça.

– Difícil dizer. Ele não é do tipo que deixa transparecer qualquer coisa. Isso causa uma certa má impressão no banco das testemunhas, e no entanto é um pouco injusto com a pessoa, na verdade. Às vezes essas pessoas estão entristecidas ao extremo e no entanto não conseguem demonstrar. Esse tipo de postura fez o júri chegar a um veredito de culpado contra Wallace. Não foram as provas. Eles simplesmente não conseguiram acreditar que um homem pudesse perder sua esposa e falar e agir com tanta frieza sobre o acontecimento.

Weston se voltou para Poirot.

– Qual é a sua opinião, Poirot?

Hercule Poirot levantou as mãos.

Ele disse:

– O que se pode dizer? Marshall é uma gaveta chaveada... uma ostra fechada. Ele já escolheu o seu papel. Não ouviu nada, não viu nada, não sabe nada!

– Podemos escolher entre as motivações – disse Colgate. – Temos o ciúme e temos a motivação do dinheiro. É claro que, de certa maneira, o marido é o suspeito mais óbvio. Você naturalmente pensa nele em primeiro lugar. Se ele soubesse que a sua senhorinha estava envolvida com o outro camarada...

Poirot o interrompeu.

Ele disse:

– Acho que ele sabia disso.

– Por que o senhor pensa assim?

– Ouça, meu amigo. Na noite passada estive conversando com a sra. Redfern em Sunny Ledge. Voltei de lá para o hotel e no caminho eu vi os dois juntos: a sra. Marshall e Patrick Redfern. E poucos instantes depois encontrei o capitão Marshall. A expressão dele era impassível, não deixava transparecer nada... absolutamente nada! Estava quase inexpressiva *demais*, se vocês me entendem. Ah! Ele sabia de tudo.

Colgate grunhiu um resmungo de dúvida.

Ele disse:

– Bem, se o senhor pensa assim...

– Eu estou certo disso! Mas mesmo com essa circunstância, o que é que isso nos diz? O que é que Kenneth Marshall *sentia* em relação à esposa?

O coronel Weston disse:

– Ele aceitou a morte dela com bastante frieza.

Poirot balançou a cabeça de uma forma insatisfeita. O inspetor Colgate disse:

– Às vezes esses sujeitos mais tranquilos são no fundo os mais violentos, por assim dizer. Fica tudo reprimido. Pode ser que Marshall fosse loucamente apaixonado por ela... e loucamente ciumento. Mas ele não é do tipo que demonstra isso.

Poirot disse lentamente:

– Isso é possível, sim. É um personagem muito interessante, esse capitão Marshall. Tenho um enorme interesse por ele. E também por seu *álibi*.

– O álibi da máquina de escrever – disse Weston, com uma curta risada em forma de latido. – O que você tem a dizer a respeito disso, Colgate?

O inspetor Colgate estreitou os olhos. Ele disse:

– Veja bem, senhor, esse álibi até me agrada. Não é bom demais, se o senhor me entende. Ele é... bem, é algo *natural*. E se nós constatarmos que a camareira estava por perto e de fato escutou a máquina de escrever sendo usada, bem, aí me parece que estará tudo certo e que nós teremos de procurar em outro lugar.

– Hmm... – disse o coronel Weston. – E onde nós vamos procurar?

## VI

Durante um ou dois minutos os três homens ficaram ponderando a questão.

O inspetor Colgate foi o primeiro a falar. Ele disse:

– Tudo se resume ao seguinte: foi alguém de fora ou foi um hóspede do hotel? Não estou eliminando totalmente os empregados, percebam, mas não tenho nenhuma expectativa de constatarmos que um deles teve participação no crime. Não, é um hóspede do hotel, ou então é alguém de fora mesmo. Precisamos abordar a situação da seguinte maneira. Antes de mais nada... o motivo. Temos o dinheiro. A única pessoa que lucraria com a morte dela era o marido, ao que parece. Que outros motivos nós temos? Em primeiríssimo lugar... o ciúme. Me parece... à primeira vista... que se alguma vez nós tivemos um evidente *crime passionnel* – ele fez uma reverência para Poirot –, este sem dúvida é um.

Enquanto olhava para o teto, Poirot murmurou:

– Existem incontáveis paixões.

O inspetor Colgate continuou:

– O marido não quis admitir que ela tivesse quaisquer inimigos... isto é, inimigos verdadeiros... mas eu não acredito nisso nem por um segundo! Eu diria que uma pessoa como ela costuma fazer... bem, costuma fazer alguns inimigos da pior qualidade... Hein, o que diz o senhor?

Poirot respondeu:

– *Mais oui*, é isso mesmo. Arlena Marshall não deixaria de fazer inimigos. Na minha opinião, porém, a teoria do inimigo não é sustentável, porque, veja bem, inspetor, os inimigos de Arlena Marshall, penso eu, como eu disse há pouco, seriam sempre *mulheres*.

O coronel Weston resmungou e disse:

– O senhor tem alguma razão nesse ponto. As mulheres teriam gostado de acabar com ela por aqui.

Poirot prosseguiu:

– Parece ser pouco plausível que este crime tenha sido cometido por uma mulher. A investigação médica diz o quê?

Weston grunhiu outro resmungo. Ele disse:

– Neasdon parece estar convencido de que ela foi estrangulada por um homem. Mãos grandes... uma força descomunal. É possível, claro, que uma mulher extraordinariamente atlética tenha cometido esse estrangulamento... mas é improvável demais.

Poirot concordou com a cabeça.

– Exatamente. Arsênico numa xícara de chá... uma caixa com chocolates envenenados... uma faca... até mesmo uma pistola... mas um estrangulamento, isso não! É por um homem que nós devemos procurar.

– E imediatamente – ele prosseguiu – o problema fica mais complicado. Existem duas pessoas aqui neste hotel que têm uma motivação para querer tirar Arlena Marshall do caminho... mas ambas são mulheres.

O coronel Weston falou:

– A esposa de Redfern é uma delas, eu suponho.

– Sim. A sra. Redfern poderia decidido matar Arlena Stuart. Ela tinha, digamos assim, amplos motivos. Eu creio, também, que seria possível a sra. Redfern cometer um assassinato. Mas não esse tipo de assassinato. Apesar de toda a sua infelicidade e de todo o seu ciúme, ela não é, eu diria, uma mulher de paixões intensas. No amor ela seria devotada e leal, mas passional não. Como eu acabei de dizer... arsênico na xícara do chá, possivelmente... estrangulamento não. Tenho certeza, também, de que ela é fisicamente incapaz de cometer esse crime, suas mãos e seus pés são pequenos, abaixo da média.

Weston assentiu com a cabeça. Ele disse:

– Isso não é um crime de mulher. Não, um homem é o criminoso.

O inspetor Colgate tossiu.

– Permita-me formular uma solução, senhor. Digamos que, antes de conhecer esse sr. Redfern, a senhora tivesse tido outro caso com alguém... chamemos esse alguém de X. Ela larga o sr. X pelo sr. Redfern. X fica louco de raiva e ciúme. Ele a segue até aqui, fica em algum lugar nas proximidades, vem até a ilha e acaba com ela. É uma possibilidade!

Weston disse:

– É *possível*, sem dúvida. E, se for verdade, será fácil de provar. Ele veio a pé ou num barco? A última hipótese parece ser mais plausível. Se foi assim, ele deve ter alugado um barco em algum lugar. Será bom dar uma investigada.

Ele dirigiu os olhos para Poirot.

– O que o senhor acha da sugestão do inspetor Colgate?

Poirot disse lentamente:

– Isso deixa muita coisa, de certo modo, por conta do acaso. Além disso... algo nessa imagem não me soa verdadeiro. Eu não consigo, percebam, imaginar esse homem... o homem que está louco de raiva e de ciúme.

Colgate falou:

– No entanto, os homens *de fato* ficavam doidos por ela, senhor. Pense no sr. Redfern.

– Sim, sim... Mas mesmo assim...

Colgate olhou para ele de maneira intrigada.

Poirot balançou a cabeça.

Ele disse, franzindo a testa:

– De algum jeito existe algo que nós deixamos escapar...

## Capítulo VI

### I

O coronel Weston estava examinando o registro de hóspedes do hotel.

Ele leu em voz alta:

– Major e sra. Cowan, srta. Pamela Cowan, jovem sr. Robert Cowan, jovem sr. Evan Cowan, Rydal's Mount, Leatherhead.

– Sr. e sra. Masterman, sr. Edward Masterman, srta. Jennifer Masterman, sr. Roy Masterman, jovem sr. Frederick Masterman, 5 Marlborough Avenue, Londres, N.W.

– Sr. e sra. Gardener, Nova York.

– Sr. e sra. Redfern, Crossgates, Seldon, Princes Risborough.

– Major Barry, 18 Cardon St., St. James, Londres, S.W.1.

– Sr. Horace Blatt, 5 Pickersgill Street, Londres, E.C.2.

– Monsieur Hercule Poirot, Whitehaven Mansions, Londres, W.1.

– Srta. Rosamund Darnley, 8 Cardigan Court, W.1.

– Srta. Emily Brewster, Southgates, Sunbury-on--Thames.

– Rev. Stephen Lane, Londres.

– Capitão e sra. Marshall, srta. Linda Marshall, 73 Upcott Mansions, Londres, S.W.7.

Ele parou de ler.

O inspetor Colgate disse:

– Eu creio, senhor, que podemos descartar os dois primeiros registros. A sra. Castle me informou que os Masterman e os Cowan vêm para cá todos os verões, regularmente, com os filhos. Nesta manhã eles saíram todos numa excursão que tomaria o dia inteiro, num barco a vela, levando junto o almoço. Eles saíram logo depois das nove horas. Um homem chamado Andrew Baston os levou. Podemos confirmar com ele, mas acho que podemos riscá-los em definitivo.

Weston assentiu com a cabeça.

– Concordo. Tratemos de eliminar todos os que pudermos. O senhor pode nos dar uma dica sobre algum dos restantes, Poirot?

Poirot disse:

– De uma maneira superficial, isso é fácil. Os Gardener são um casal de meia-idade, são agradáveis, viajam bastante. A senhora se encarrega do discurso todo. O marido somente concorda. Ele joga tênis e golfe e tem uma espécie de humor seco que se torna atraente quando você convive com ele.

– Tudo ok, ao que parece.

– Em seguida: os Redfern. O sr. Redfern é jovem, atraente aos olhos das mulheres, um magnífico nadador, um bom jogador de tênis e um talentoso dançarino. Sobre a esposa dele eu já lhes falei. Ela é quieta, bonita de uma maneira esmaecida. Ela é, creio eu, bastante devotada ao marido. Tem algo que Arlena Marshall nunca teve.

– O quê?

– Cérebro.

O inspetor Colgate suspirou. Ele disse:

– O cérebro não conta muito quando lidamos com paixões impetuosas, senhor.

– Talvez não conte. Entretanto, acredito com firmeza que, apesar de sua paixão impetuosa pela sra. Marshall, Patrick Redfern realmente gosta da esposa.

– Pode ser que sim, senhor. Não seria a primeira vez em que isso aconteceu.

Poirot murmurou:

– Isso é o que há de lamentável no caso! Isso é sempre a coisa que as mulheres acham mais difícil de acreditar.

Ele foi em frente:

– Major Barry. Reformado pelo exército indiano. Um admirador das mulheres. Um contador de histórias longas e aborrecidas.

O inspetor Colgate suspirou.

– O senhor não precisa dizer mais nada. Já conheci alguns assim.

– Sr. Horace Blatt. Ele é, aparentemente, um homem rico. Fala muito... sobre o sr. Blatt. Quer ser amigo de todos. É uma coisa triste, porque ninguém gosta muito dele. E há também uma outra coisa. Ontem à noite o sr. Blatt me fez muitas perguntas. Ele estava inquieto. Sim, algo parece estar errado no que diz respeito ao sr. Blatt.

Ele fez uma pausa e então prosseguiu, com uma mudança no tom de voz:

– Em seguida vem a srta. Rosamund Darnley. Seu nome nos negócios é Rose Mond Ltda. Ela é uma festejada costureira. O que posso dizer sobre a srta. Darnley? Ela é inteligente, charmosa e elegante. Olhar para ela é um deleite.

Ele fez uma pausa e acrescentou:

– E ela é uma velha amiga do capitão Marshall.

Weston se endireitou na cadeira.

– Ah, é?

– Sim. Os dois tinham ficado sem se ver por alguns anos.

Weston perguntou:

– Ela sabia que ele estaria aqui?

– Ela diz que não.

Poirot fez uma pausa e então prosseguiu:

– Quem vem a seguir? A srta. Brewster. Eu a considero um pouco alarmante. – Ele balançou a cabeça. – Ela tem uma voz de homem. É meio grosseira, e o que podemos chamar de enérgica. Gosta de remar em barcos e tem um handicap de quatro no golfe. – Poirot fez uma pausa. – Eu creio, no entanto, que ela tem um bom coração.

Weston disse:

– E assim nos resta somente o reverendo Stephen Lane. Quem é o reverendo Stephen Lane?

– Só posso lhe dizer uma única coisa. Ele está em grande tensão nervosa. E é também, acho eu, um fanático.

O inspetor Colgate disse:

– Ah, esse tipo de sujeito.

Weston disse:

– E assim nós fechamos o grupo! – ele olhou para Poirot. – O senhor parece estar perdido em pensamentos, meu amigo...

Poirot disse:

– Sim. Porque, veja bem, quando a sra. Marshall partiu nesta manhã e me pediu para não dizer a ninguém que eu a tinha visto, cheguei no mesmo instante, na minha mente, a uma certa conclusão. Pensei que a amizade dela com Patrick Redfern tinha causado problemas entre ela e o marido. Pensei que ela iria encontrar Patrick Redfern em algum lugar e que não queria que o marido soubesse onde ela estava.

Poirot fez uma pausa.

– Mas foi nisso, percebam, que eu me equivoquei. Porque, embora o marido tenha aparecido quase que imediatamente na praia perguntando se eu a tinha visto, Patrick Redfern chegou ali também... e ficou procurando por ela do modo mais escancarado e óbvio! Sendo assim, meus amigos, eu fico perguntando a mim mesmo: *quem será que Arlena Marshall foi encontrar*?

O inspetor Colgate disse:

– Isso se encaixa na *minha* ideia. Um homem de Londres ou de qualquer outro lugar.

Hercule Poirot balançou a cabeça. Ele disse:

– Mas, meu amigo, de acordo com a sua teoria, Arlena Marshall havia largado esse homem mítico. Por que motivo, então, ela faria todo esse esforço para encontrá-lo?

O inspetor Colgate balançou a cabeça. Ele disse:

– Quem *o senhor* acha que foi?

– Isso é justamente o que eu não consigo imaginar. Nós acabamos de ler a lista de hóspedes do hotel. São todos homens de meia-idade... enfadonhos. Qual deles Arlena Marshall iria preferir em comparação com Patrick Redfern? Não, isso é impossível. E no entanto, mesmo assim, ela *de fato* saiu para encontrar alguém... e esse alguém não era Patrick Redfern.

Weston murmurou:

– O senhor não acha que ela simplesmente saiu para ficar sozinha?

Poirot balançou a cabeça.

– *Mon cher* – ele disse –, é evidente que o senhor não chegou a conhecer a mulher morta. Alguém certa vez escreveu um tratado erudito sobre os efeitos diferentes que o confinamento solitário exerceria no Belo Brummel e num homem como Newton. Arlena Marshall, meu caro amigo, praticamente não conseguiria sobreviver na solidão. Ela só conseguia viver sob a luz da admiração de um homem. Não, Arlena Marshall saiu para *encontrar* alguém nesta manhã. *Quem era esse alguém*?

## II

O coronel Weston suspirou, balançou a cabeça e disse:

– Bem, poderemos nos dedicar às teorias mais tarde. Precisamos fazer esses interrogatórios agora. Precisamos colocar no papel onde todos estavam. Acho que seria bom falarmos com a jovem Marshall agora. Pode ser que ela tenha condições de nos dizer algo de útil.

Linda Marshall entrou na sala desajeitadamente, colidindo contra o batente da porta. Sua respiração se mostrava acelerada e as pupilas de seus olhos estavam dilatadas. Ela parecia uma potrinha assustada. O coronel Weston sentiu um impulso de simpatia por ela.

Ele pensou:

"Pobre garota... ela não passa de uma garota, afinal de contas. Isso deve ter sido um choque terrível para ela."

Ele puxou uma cadeira e lhe disse, com voz tranquilizadora:

– Lamento ter de fazê-la passar por isso, senhorita... Linda, não é mesmo?

– Sim, Linda.

A voz dela tinha essa qualidade introspectiva e sussurrada que é muito característica das colegiais. Suas mãos repousavam de forma desamparada na mesa diante de Weston – mãos patéticas, grandes e vermelhas, com ossos grandes e pulsos compridos.

Weston pensou:

"Uma menina não deveria ser envolvida numa coisa dessas."

Ele disse num tom tranquilizador:

– Não há nada de muito alarmante nisso tudo. Só queremos que a senhorita nos conte qualquer coisa que saiba e que possa ser útil; isso é tudo.

Linda falou:

– O senhor quer dizer... sobre Arlena?

– Sim. A senhorita chegou a vê-la nesta manhã?

A garota balançou a cabeça.

– Não. Arlena sempre desce bastante tarde. Ela toma o café da manhã na cama.

Hercule Poirot perguntou:

– E a senhorita, mademoiselle?

– Ah, eu me levanto. Café da manhã na cama é tão *chato*...

Weston disse:

– A senhorita poderia nos dizer exatamente o que fez nesta manhã?

– Bem, primeiro eu dei um rápido mergulho e depois tomei o café da manhã, e depois eu fui com a sra. Redfern para Gull Cove.

Weston perguntou:

– Em que horário a senhorita e a sra. Redfern saíram?

– Ela disse que estaria esperando por mim no saguão às dez e meia. Eu estava com medo de me atrasar, mas deu tudo certo. Nós saímos mais ou menos uns três minutos depois das dez e meia.

Poirot perguntou:

– E o que foi que vocês fizeram em Gull Cove?

– Ah, eu coloquei óleo bronzeador e tomei banho de sol, e a sra. Redfern ficou desenhando. Depois, mais tarde, eu entrei no mar e Christine voltou até o hotel porque precisava trocar de roupa para o tênis.

Weston perguntou, mantendo um tom de voz bastante casual:

– A senhorita se lembra de que horas eram então?

– Quando a sra. Redfern voltou para o hotel? Quinze para o meio-dia.

– Tem certeza desse horário? Quinze para o meio-dia?

Linda respondeu, com os olhos arregalados:

– É *claro*. Eu olhei no meu relógio.

– O mesmo relógio que a senhorita está usando agora?

Linda olhou seu pulso de relance.

– Sim.

Weston falou:

– A senhorita se importa se eu der uma olhada nele?

Linda estendeu o pulso na direção dele. Weston comparou o relógio com o que ele tinha em seu próprio pulso e com o relógio do hotel na parede.

Ele disse, sorrindo:

– Correto até nos segundos. E depois disso a senhorita tomou um banho de mar?

– Sim.

– E a senhorita voltou para o hotel... quando?

– Por volta da uma. E... e aí... eu fiquei sabendo... sobre Arlena...

Houve uma transformação na voz dela.

O coronel Weston perguntou:

– A senhorita... hã... se dava bem com a sua madrasta?

Linda olhou para ele por um minuto sem responder. Então ela disse:

– Claro.

Poirot perguntou:

– Gostava dela, mademoiselle?

Linda disse de novo:

– Claro.

E acrescentou:

– Arlena era bastante querida comigo.

Weston falou, com uma jocosidade um tanto desconfortável:

– Ela não era uma típica madrasta cruel, então?

Linda balançou a cabeça sem sorrir.

Weston disse:

– Ótimo. Ótimo. Às vezes, sabe, ocorre um pouquinho de dificuldade nas famílias... inveja... todo esse tipo de coisa. A garota e o pai são os melhores amigos do mundo e aí ela se ressente um pouco quando ele fica todo envolvido pela nova esposa. A senhorita não se sentiu assim, então?

Linda o encarou. Ela disse com óbvia sinceridade:

– De jeito nenhum.

Weston disse:

– Suponho que o seu pai fosse... hã... bastante apaixonado por ela?

Linda disse simplesmente:

– Eu não sei.

Weston continuou:

– Todos os tipos de dificuldades, como eu disse, costumam surgir nas famílias. Brigas... discórdias... esse tipo de coisa. Se o marido e a esposa ficam incomodando um ao outro, isso é um pouco esquisito para uma filha também. Alguma coisa desse tipo?

Linda disse com clareza:

– O senhor está perguntando se o meu pai e Arlena brigavam?

– Bem... sim.

Weston pensou consigo mesmo:

"Que negócio sórdido... ficar interrogando uma criança sobre o pai dela. A gente trabalha na polícia para quê? Que droga, é preciso fazer o serviço, no entanto".

Linda disse com grande firmeza:

– De jeito nenhum.

E acrescentou:

– O meu pai não briga com ninguém. Ele não é assim, nem um pouco.

Weston disse:

– Pois bem, srta. Linda, eu quero que pense com muito cuidado. A senhorita faz alguma ideia de quem poderia ter matado a sua madrasta? Existe qualquer coisa que já tenha escutado ou qualquer coisa que saiba e que poderia nos ajudar nesse ponto?

Linda ficou calada por um minuto. Pareceu estar dedicando à pergunta uma consideração séria e desapressada. Ela disse afinal:

– Não, eu não sei quem poderia ter desejado matar Arlena. – E acrescentou: – Com exceção, é claro, da sra. Redfern.

Weston falou:

– A senhorita acha que a sra. Redfern queria matá-la? Por quê?

Linda respondeu:

– Porque o marido dela estava apaixonado por Arlena. Mas eu não acho que ela realmente quisesse *matar* Arlena. Quer dizer, talvez ela só sentisse que desejava que Arlena morresse... e isso não é a mesma coisa de jeito nenhum, certo?

Poirot disse delicadamente:

– Não, não é a mesma coisa de jeito algum.

Linda concordou com a cabeça. Uma bizarra espécie de espasmo lhe passou pelo semblante. Ela disse:

– E, de qualquer maneira, a sra. Redfern jamais seria capaz de fazer uma coisa como essa... matar alguém. Ela não é... ela não é *violenta*, se vocês entendem o que eu quero dizer.

Weston e Poirot assentiram. Este último disse:

– Eu sei exatamente o que quer dizer, minha criança, e concordo com a senhorita. A sra. Redfern não é dessas pessoas que, como vocês dizem, têm "sangue nos olhos". Ela não iria – Poirot se recostou na cadeira com os olhos semicerrados, selecionando as palavras com cuidado – ficar abalada por uma tempestade de sentimentos... vendo a vida se estreitar na frente dela... vendo um rosto detestado... um pescoço branco detestado... sentindo suas mãos se crispando... ansiando por senti-las esmagando a carne...

Ele parou.

Linda se mexeu espasmodicamente, afastando-se da mesa. Ela disse com uma voz trêmula:

– Posso ir agora? Isso é tudo?

O coronel Weston disse:

– Sim, sim, isso é tudo. Muito obrigado, srta. Linda.

Ele se levantou a fim de abrir a porta para ela. Então voltou até a mesa e acendeu um cigarro.

– Ufa – ele disse. – Nem um pouco agradável, esse nosso trabalho. Posso lhes dizer que me senti um grosseirão interrogando essa menina sobre as relações entre o pai dela e a madrasta. Foi mais ou menos como pedir para uma filha colocar uma corda no pescoço do pai. Apesar de tudo, isso precisava ser feito. Assassinato é assassinato. E ela é a pessoa que menos deve saber sobre a verdade das coisas. Fiquei muito grato, no entanto, pelo fato de que ela não tinha nada para nos dizer nessa linha.

Poirot disse:

– Sim, eu imaginei que o senhor tivesse ficado.

Weston disse com uma tossida embaraçada:

– A propósito, Monsieur Poirot, o senhor foi um pouco longe demais no final, eu achei. Toda essa história de mãos sendo cravadas na carne! Não é bem o tipo de ideia para colocar na cabeça de uma menina.

Hercule Poirot encarou Weston com olhos pensativos. Ele disse:

– Então o senhor achou que eu coloquei ideias na cabeça dela?

– Bem, não colocou? Admita.

Poirot balançou a cabeça.

Weston desviou do assunto. Ele disse:

– De um modo geral nós acabamos tirando informações bem pouco úteis da garota. Exceto por um *álibi* mais ou menos satisfatório para aquela Redfern. Se elas ficaram juntas das dez e meia até quinze para o meio-dia, isso deixa Christine Redfern de fora. A esposa ciumenta suspeita sai de cena.

Poirot disse:

– Existem razões melhores do que essa para deixar a sra. Redfern de fora. Para ela seria, eu estou convencido disso, física e mentalmente impossível estrangular alguém. Ela é uma mulher antes fria do que ardente; é capaz de profunda devoção e de constância inabalável, mas não de fúria ou paixão ardente. Além disso, as mãos dela são pequenas e delicadas demais.

Colgate disse:

– Eu concordo com o sr. Poirot. Ela está fora. O dr. Neasdon afirma que um par de mãos de tamanho anormal foi responsável por esganar aquela dama.

Weston disse:

– Bem, eu suponho que seria bom nós vermos os Redfern agora. Imagino que a esta altura ele já tenha se recuperado um pouco do choque.

## III

Patrick Redfern havia recuperado por completo, naquele momento, a compostura. Ele exibia uma aparência pálida, abatida e subitamente muito jovem, mas em seus modos a compostura era total.

– O senhor é Patrick Redfern, morador de Crossgates, Seldon, Princes Risborough?

– Sim.

– Há quanto tempo o senhor conhecia a sra. Marshall?

Patrick Redfern hesitou e então disse:

– Três meses.

Weston prosseguiu:

– O capitão Marshall nos disse que o senhor e ela se conheceram casualmente numa recepção. Isso está correto?

– Sim, foi assim que aconteceu.

Weston disse:

– O capitão Marshall deixou subentendido que, até o encontro aqui na ilha, o senhor e a sra. Marshall não se conheciam muito bem. Essa é a verdade, sr. Redfern?

Outra vez Patrick Redfern hesitou por um minuto. Então disse:

– Bem... não exatamente. Para falar a verdade, eu a vi uma boa quantidade de vezes aqui e ali.

– Sem o conhecimento do capitão Marshall?

Redfern ficou ligeiramente corado. Ele disse:

– Eu não sei se ele tinha conhecimento ou não.

Hercule Poirot interveio. Ele murmurou:

– E foi também sem o conhecimento da sua esposa, sr. Redfern?

– Creio ter mencionado à minha esposa que eu tinha conhecido a famosa Arlena Stuart.

Poirot insistiu:

– Mas ela não sabia que o senhor estava encontrando a sra. Marshall com frequência?

– Bem, talvez não.

Weston perguntou:

– O senhor e a sra. Marshall combinaram de se encontrar aqui?

Redfern ficou em silêncio por alguns instantes. Então encolheu seus ombros.

– Ah, bem – ele disse –, suponho que isso vai acabar vindo à tona agora. Não adianta nada eu ficar me esquivando diante dos senhores. Eu era louco por aquela mulher... maluco... apaixonado... digam o que quiserem.

Ela queria que eu viesse para cá. Eu objetei um pouco e então concordei. Eu... eu... bem, eu teria concordado em fazer qualquer coisa estapafúrdia que ela quisesse. Ela exercia esse tipo de efeito sobre as pessoas.

Hercule Poirot murmurou:

– O senhor esboça um retrato perfeito dela. Ela era a eterna Circe. Exatamente isso!

Patrick Redfern disse com amargura:

– Ela transformava os homens em porcos, sem dúvida!

Ele prosseguiu:

– Estou sendo franco com os senhores. Não vou esconder nada. Qual seria o proveito disso? Como já disse, eu estava apaixonado por ela. Se ela se importava comigo ou não, eu não sei. Ela fingia que sim, mas acho que ela era uma dessas mulheres que perdem o interesse pelo homem depois que já o arrebataram de corpo e alma. Ela sabia que tinha me arrebatado para valer. Nesta manhã, quando eu a encontrei lá naquela praia, morta, foi como se – ele fez uma pausa –, como se algo tivesse me atingido com toda força na testa. Eu fiquei desnorteado... arrasado!

Poirot se inclinou à frente.

– E agora?

Patrick Redfern o encarou direto nos olhos.

Ele disse:

– Eu lhes contei a verdade. O que eu quero perguntar é o seguinte: *o quanto disso tudo precisa ser tornado público*? Isso não tem qualquer relação com a morte dela. E, se vier à tona, a minha esposa vai passar por um grande sofrimento.

– Ah, eu sei – ele continuou rapidamente. – Os senhores acham que eu não pensei muito nela até agora? Talvez isso seja verdade. Contudo, embora eu possa soar como o pior tipo de hipócrita, a verdade mesmo é que eu me importo com a minha esposa... me importo com ela profundamente. A outra... – ele contraiu os ombros – era uma loucura... o tipo de coisa tola e imbecil que os homens fazem... mas Christine é diferente. Ela é *real*. Por mais mal que eu a tenha tratado, eu soube o tempo inteiro, bem no fundo, que ela era a pessoa que realmente contava. – Redfern fez uma pausa, suspirou e então disse, de um modo bastante patético: – Eu gostaria de fazer com que os senhores acreditassem nisso.

Hercule Poirot se inclinou para a frente. Ele disse:

– Mas eu acredito. Sim, sim, eu de fato acredito!

Patrick Redfern olhou para ele com uma expressão agradecida. Ele disse:

– Obrigado.

O coronel Weston limpou a garganta. Ele falou:

– O senhor pode ficar seguro, sr. Redfern, de que nós não vamos entrar em irrelevâncias. Se a sua paixão pela sra. Marshall não desempenhou nenhum papel no assassinato, então não haverá qualquer cabimento em envolver esse fato no caso. Mas o que o senhor parece não perceber é que essa... hã... intimidade... pode ter uma relação bastante direta com o assassinato. Poderia estabelecer, entenda, uma *motivação* para o crime.

Patrick Redfern repetiu:

– Motivação?

Weston disse:

– Sim, sr. Redfern, *motivação*! O capitão Marshall talvez não tivesse conhecimento do caso. Suponha que ele subitamente tenha descoberto tudo...

Redfern disse:

– Meu Deus! O senhor quer dizer que ele se deu conta e... e matou Arlena?

O chefe de polícia disse com bastante secura:

– Essa possibilidade não tinha ocorrido ao senhor?

Redfern balançou a cabeça. Ele disse:

– Não... engraçado. Eu nunca pensei nisso. Veja bem, Marshall é um sujeito tão tranquilo... Eu... Ah, isso não parece provável.

Weston perguntou:

– Qual era a posição da sra. Marshall em relação ao marido em tudo isso? Ela sentia alguma... bem, inquietação... quanto à possibilidade de que a história chegasse aos ouvidos dele? Ou ela se mostrava indiferente?

Redfern disse lentamente:

– Ela ficava... um pouco nervosa. Não queria que ele suspeitasse de nada.

– Ela parecia ter medo do marido?

– Medo? Não, eu não diria isso.

Poirot murmurou:

– Perdão, sr. Redfern, mas não surgiu, em nenhum momento, a possibilidade de um divórcio?

Patrick Redfern sacudiu a cabeça de maneira decidida.

– Não, não, não surgiu nenhuma ideia sobre qualquer coisa semelhante a isso. Havia Christine, entenda. E Arlena, eu tenho certeza, jamais pensou numa coisa dessas. Ela estava perfeitamente satisfeita em ser casada com Marshall. Ele é... bem, um homem muito importante... – Redfern sorriu de repente. – Classe alta... todo esse tipo de coisa, e rico. Ela nunca pensou em mim como um possível *marido*. Não, eu fui somente um a mais numa sucessão de pobres coitados... somente alguém para passar o tempo. Eu soube disso desde o começo, e no entanto, por mais estranho que pareça, meus sentimentos por ela não se alteraram...

A voz de Patrick Redfern se extinguiu. Ele ficou pensando.

Weston o fez regressar às necessidades do momento.

– Pois bem, sr. Redfern, o senhor tinha qualquer compromisso especial com a sra. Marshall nesta manhã?

Patrick Redfern pareceu ficar ligeiramente perplexo. Ele disse:

– Não, nenhum compromisso em especial. Nós geralmente nos encontrávamos de manhã na praia. Costumávamos passear no mar com os pedalinhos.

– O senhor ficou surpreso por não encontrar a sra. Marshall na praia hoje de manhã?

– Sim, fiquei. Muito surpreso. Eu simplesmente não conseguia entender.

– O senhor pensou o quê?

– Bem, eu não sabia o que pensar. Quer dizer, o tempo inteiro eu pensei que ela ia chegar a qualquer momento.

– Se ela tivesse um encontro em outro lugar, o senhor não tinha nenhuma ideia de quem ela poderia querer encontrar?

Patrick Redfern apenas olhou seu interrogador e balançou a cabeça.

– Quando o senhor tinha um *rendez-vous* com a sra. Marshall, onde vocês se encontravam?

– Bem, às vezes eu a encontrava no período da tarde em Gull Cove. Veja bem, não há sol em Gull Cove durante a tarde, e por isso geralmente não há muitas pessoas por lá. Nós nos encontramos em Gull Cove uma ou duas vezes.

– Nunca na outra enseada? Pixy Cove?

– Não. Veja, Pixy Cove fica de frente para o lado oeste, e as pessoas vão para lá em barcos ou pedalinhos durante a tarde. Nós nunca tentávamos nos encontrar durante a manhã. Teria chamado atenção demais. No período da tarde as pessoas vão dormir ou dar uma volta e ninguém sabe direito por onde andam.

Weston assentiu com a cabeça.

Patrick Redfern prosseguiu:

– Depois do jantar, é claro, nas noites com tempo bom, nós costumávamos passear juntos em diferentes partes da ilha.

Hercule Poirot murmurou:

– Ah, sim!

E Patrick Redfern lhe lançou um olhar intrigado.

Weston disse:

– Então o senhor não tem como nos dar nenhuma espécie de ajuda no que diz respeito ao motivo que levou a sra. Marshall para Pixy Cove nesta manhã?

Redfern balançou a cabeça. Ele disse, e a sua voz soou honestamente confusa:

– Eu não faço a menor ideia! Isso não foi típico de Arlena.

Weston disse:

– Ela tinha amigos hospedados na região?

– Não que eu saiba. Ah, tenho certeza de que não tinha.

– Pois bem, sr. Redfern, eu quero que o senhor pense com muito cuidado. O senhor conheceu a sra. Marshall em Londres. Deve conhecer várias das pessoas que frequentavam o círculo dela. Existe alguém que pudesse ter algum rancor contra ela? Alguém, por exemplo, que o senhor possa ter suplantado nos carinhos dela?

Patrick Redfern pensou por alguns minutos. Então balançou a cabeça.

– Sinceramente – ele disse. – Não consigo pensar em ninguém.

O coronel Weston tamborilou com os dedos na mesa. E disse afinal:

– Bem, então é isso. Parece que nos restaram três possibilidades. A possibilidade de um matador desconhecido... algum monomaníaco... que por acaso estava nas proximidades... e essa é uma hipótese bastante disparatada...

Redfern o interrompeu:

– Entretanto, com toda certeza, essa é de longe a explicação mais plausível.

Weston balançou a cabeça. Ele disse:

– Este não é um desses assassinatos de "matagal solitário". Aquela enseada era bastante inacessível. O homem ou teria de ter entrado pelo passadiço, passando pelo hotel, subindo até o topo da ilha e descendo por aquele negócio em forma de escada, ou então ele foi até lá com um barco. Ambas as hipóteses são improváveis num assassinato casual.

Patrick Redfern falou:

– O senhor disse que existiam três possibilidades.

– Hmm... sim – falou o chefe de polícia. – Isto é, havia duas pessoas nesta ilha que tinham um motivo para matá-la. Umas dessas pessoas é o marido dela, e a outra é a sua esposa.

Redfern o encarou. Parecia estar estupefato. Ele disse:

– A minha esposa? Christine? O senhor está querendo dizer que *Christine* teve algo a ver com isso?

Ele se levantou e ficou de pé, parado, gaguejando um pouco na sua pressa incoerente de colocar as palavras para fora.

– Os senhores estão loucos... totalmente loucos... Christine? Ora, isso é *impossível*. É risível!

Weston disse:

– Mesmo assim, sr. Redfern, a inveja é uma motivação muito poderosa. As mulheres ciumentas costumam perder o controle completamente.

Weston disse de modo ardente:

– Não Christine. Ela... ah, ela não é assim. Ela estava infeliz, sim. Mas ela não é o tipo de pessoa que... Ah, não há nenhuma violência nela.

Hercule Poirot assentiu pensativamente. Violência. A mesma palavra que Linda Marshall usara. Como antes, ele concordou com o sentimento.

– Além disso – Redfern prosseguiu num tom confiante –, algo assim seria absurdo. Fisicamente, Arlena era duas vezes mais forte do que Christine. Duvido que Christine tenha força para estrangular um gatinho... e certamente ela não tem força para estrangular uma mulher rija e forte como Arlena. E Christine nunca conseguiria ter descido aquela escada para chegar à praia. Ela tem pavor desse tipo de coisa. E... ah, a coisa toda é fantástica demais!

O coronel Weston coçou a orelha, hesitante.

– Bem – ele disse. – Dito assim, realmente não parece provável. Eu admito. Mas a motivação é a primeira coisa que nós precisamos procurar.

Ele acrescentou:

– Motivação e oportunidade.

## IV

Quando Redfern já tinha saído da sala, o chefe de polícia comentou com um ligeiro sorriso:

– Não julguei necessário contar ao sujeito que a mulher dele tinha um álibi. Eu queria ouvir o que ele tinha para dizer sobre a ideia. Ele ficou bastante abalado, não ficou?

Hercule Poirot murmurou:

– Os argumentos que ele apresentou foram tão fortes quanto um álibi.

– Sim. Ah! Ela não cometeu o crime! Não poderia ter cometido... fisicamente impossível, como o senhor disse. Marshall *poderia* ter cometido... mas aparentemente não cometeu.

O inspetor Colgate tossiu. Ele disse:

– Perdão, senhor, eu estive pensando sobre esse álibi. É possível, se o sr. Marshall tiver planejado tudo, que aquelas cartas tivessem sido preparadas *de antemão.*

Weston disse:

– Essa é uma boa ideia. Precisamos dar uma olhada...

Ele parou de falar enquanto Christine Redfern entrava na sala.

Ela se mostrava, como sempre, calma e um pouco meticulosa nos modos. Estava usando uma saia branca de jogar tênis e um pulôver azul-claro. O traje acentuava sua beleza pálida e um tanto anêmica. Contudo, Hercule Poirot pensou consigo, o rosto dela não era nem tolo e nem frágil; exibia bastante resolução, coragem e bom senso. Ele fez um gesto apreciativo com a cabeça.

O coronel Weston pensou:

"Bela mulherzinha. Um pouco aguada, talvez. Boa demais para esse mulherengo estúpido dela. Ah, ora, o garoto é jovem. As mulheres geralmente fazem você de bobo uma vez na vida!"

Ele disse:

– Sente-se, sra. Redfern. Temos de passar por uma série de procedimentos rotineiros, entenda. Pedir para todo mundo um relato de seus movimentos nesta manhã. Apenas para os nossos registros.

Christine Redfern assentiu.

Ela disse com sua voz tranquila e precisa:

– Claro, eu entendo perfeitamente. Por onde o senhor quer que eu comece?

Hercule Poirot disse:

– O mais cedo possível, madame. Qual foi a primeira coisa que a senhora fez quando acordou hoje de manhã?

Christine disse:

– Deixe-me ver. No caminho para o café da manhã entrei no quarto de Linda Marshall e combinei com ela de ir para Gull Cove nesta manhã. Nós deixamos acertado que nos encontraríamos no saguão às dez e meia.

Poirot perguntou:

– A senhora não tomou um banho de mar antes do café da manhã?

– Não. Muito raramente eu faço isso. – Ela sorriu. – Gosto de esperar que o mar se aqueça bem antes de entrar nele. Eu sou muito friorenta.

– Mas o seu marido vai mergulhar nesse horário?

– Ah, ele vai. Quase sempre.

– E a sra. Marshall, ela também?

Houve uma transformação na voz de Christine. A voz dela se tornou fria e quase sarcástica.

Ela disse:

– Não, não, a sra. Marshall era o tipo de pessoa que nunca entrava em cena antes do meio da manhã.

Com um ar de confusão, Hercule Poirot disse:

– Perdão, madame, eu a interrompi. A senhora estava dizendo que entrou no quarto da srta. Linda Marshall. Que horas eram então?

– Deixe-me ver... oito e meia... não, um pouco mais tarde.

– E a srta. Marshall já tinha acordado?

– Sim, sim, ela tinha saído.

– Tinha saído?

– Sim, ela disse que tinha ido tomar um banho de mar.

Havia um ligeiro tom – um tom muito débil de embaraço na voz de Christine. O fato intrigou Hercule Poirot.

Weston disse:

– E então?

– Então eu desci para tomar o café da manhã.

– E depois do café da manhã?

– Eu subi, peguei a minha caixa de desenho e o meu livro de desenho e nós saímos.

– A senhora e a srta. Linda Marshall.

– Sim.

– A que horas foi isso?

– Creio que foi aproximadamente às dez e meia.

– E vocês fizeram o quê?

– Nós fomos até Gull Cove. Os senhores sabem, a enseada no lado leste da ilha. Eu e ela nos acomodamos lá. Eu fiz um esboço e Linda ficou tomando banho de sol.

– Que horas eram quando vocês saíram da enseada?

– Às quinze para o meio-dia. Eu tinha um jogo de tênis ao meio-dia e precisava trocar de roupa.

– A senhora estava usando o seu relógio?

– Não, na verdade eu não estava. Perguntei as horas para Linda.

– Certo. E depois?

– Eu guardei o meu material de desenho e voltei para o hotel.

Poirot perguntou:

– E mademoiselle Linda?

– Linda? Ah, Linda entrou no mar.

Poirot disse:

– O lugar onde a senhora estava sentada era distante do mar?

– Bem, nós estávamos muito acima do nível da maré cheia. Embaixo do penhasco... de modo que eu pudesse ficar um pouco na sombra e Linda no sol.

Poirot disse:

– Linda Marshall chegou a entrar de fato no mar antes de a senhora ter saído da praia?

Christine franziu ligeiramente a testa no esforço de recordar. Ela disse:

– Deixe-me ver. Ela saiu correndo pela praia... eu fechei a minha caixa... Sim, eu ouvi Linda entrando nas ondas enquanto eu seguia pela trilha penhasco acima.

– A senhora tem certeza disso? Tem certeza de que ela realmente entrou no mar?

– Certeza.

Ela o encarou com surpresa.

O coronel Weston também o encarou.

Então ele disse:

– Prossiga, sra. Redfern.

– Eu voltei para o hotel, me troquei e fui até as quadras de tênis, onde encontrei os demais.

– Quem eram?

– O capitão Marshall, o sr. Gardener e a srta. Darnley. Nós jogamos dois sets. Estávamos entrando de novo quando chegou a notícia... sobre a sra. Marshall.

Hercule Poirot se inclinou mais à frente. Ele disse:

– E o que foi que a senhora pensou, madame, quando soube da notícia?

– O que eu pensei?

O semblante dela revelava um ligeiro desgosto com a pergunta.

– Sim.

Christine Redfern disse lentamente:

– Foi... uma coisa terrível isso que aconteceu.

– Ah, sim, a sua meticulosidade sofreu um abalo. Eu entendo. Mas o que significou essa morte para *a senhora*... pessoalmente?

Ela lhe dirigiu um rápido olhar – um olhar de súplica. Poirot reagiu ao olhar. Ele disse com um tom de voz casual:

– Estou fazendo essa pergunta, madame, sabendo que a senhora é uma mulher inteligente, com muito juízo e bom senso. Sem dúvida a senhora tinha, durante a sua estadia neste hotel, formado uma opinião sobre a sra. Marshall, sobre o tipo de mulher que ela era...

Christine retrucou cautelosamente:

– Imagino que qualquer pessoa faz isso, de alguma forma, quando se hospeda em hotéis.

– Certamente, é a coisa mais natural de se fazer. Por isso eu lhe pergunto, madame, se a senhora ficou realmente surpresa pela maneira como ela morreu.

Christine disse lentamente:

– Acho que entendi o que o senhor quer dizer. Não, talvez eu não tenha ficado surpresa. Chocada, sim. Mas ela era o tipo de mulher...

Poirot terminou a frase para ela:

– Ela era o tipo de mulher para quem uma coisa dessas poderia muito bem acontecer... Sim, madame, essa é a coisa mais verdadeira e significativa que foi dita nesta sala hoje. Deixando todos os... hã... – ele enfatizou a palavra com cuidado – sentimentos *pessoais* de lado, o que é que a senhora realmente pensava sobre a falecida sra. Marshall?

Christine Redfern disse com calma:

– Realmente vale a pena entrar nisso tudo agora?

– Creio que poderia valer a pena, sim.

– Bem, o que eu posso dizer?

A pele branca de Christine Redfern ficou repentinamente inundada de cor. O aprumo cuidadoso de seus modos relaxou-se. Por um curto espaço de tempo, a mulher natural e crua espiou para fora. Christine disse:

– Ela é o tipo de mulher que, no meu entender, absolutamente não serve para nada! Ela não fez nada para justificar a sua existência. Não tinha ideias... não tinha cérebro. Não pensava em nada além de homens e admiração. Inútil, uma parasita. Ela era atraente para os homens, eu suponho... Ah, é claro que era. E ela vivia para esse tipo de vida. E assim, creio eu, eu não fiquei realmente surpresa com esse final escabroso que ela teve. Ela era o tipo de mulher que estava sempre envolvida com tudo que é sórdido... chantagem... inveja... violência... toda espécie de emoção rude. Ela... ela atraía o que há de pior nas pessoas.

Ela parou, um pouco ofegante. Seu lábio superior um tanto curto se erguia numa espécie de aversão melindrosa. Ocorreu ao coronel Weston que não se poderia ter encontrado um contraste mais completo perante Arlena Stuart do que Christine Redfern. Também lhe ocorreu que, se você fosse casado com Christine Redfern, a atmosfera poderia ficar tão rarefeita que as Arlenas Stuart deste mundo exerceriam sobre você uma particular atenção.

E então, seguindo-se imediatamente a esses pensamentos, uma única palavra entre as palavras que ela pronunciara lhe chamou atenção com particular intensidade.

Ele inclinou-se para a frente e disse:

– Sra. Redfern, por que, ao falar sobre ela, a senhora mencionou a palavra *chantagem*?

# Capítulo VII

## I

Christine ficou olhando para o coronel Weston, não parecendo, num primeiro momento, absorver o que ele quisera dizer. Ela respondeu quase mecanicamente:

– Acho que foi... porque ela *estava* sendo chantageada. Ela era o tipo de mulher que acabava sempre sendo chantageada.

O coronel Weston disse com muita seriedade:

– Mas... a senhora sabe que ela estava sendo chantageada?

Uma leve cor aflorou nas faces da jovem. Ela disse um tanto sem jeito:

– Para falar a verdade, ocorre que eu sei. Eu... eu ouvi algo por acaso.

– Poderia nos explicar isso, sra. Redfern?

Corando ainda mais, Christine Redfern disse:

– Eu... não foi por querer que eu acabei ouvindo. Foi por acidente. Foi duas... não, três noites atrás. Nós estávamos jogando bridge. – Ela se virou na direção de Poirot. – O senhor se lembra? O meu marido e eu, Monsieur Poirot e a srta. Darnley. Eu era o morto. Estava muito abafado na sala de jogos e eu escapei pela janela para respirar um pouco de ar fresco. Desci na direção da praia e de repente ouvi vozes. Uma das vozes (era Arlena Marshall, eu soube na mesma hora) disse: "Não adianta me pressionar. Não vou conseguir arranjar mais dinheiro agora. O meu marido vai suspeitar de alguma coisa". E então uma voz de homem disse: "Não aceito nenhuma desculpa. Quero ver o dinheiro na minha mão". E então Arlena disse: "Seu chantagista desgraçado!". E o homem disse: "Desgraçado ou não, trate de pagar, minha querida".

Christine fez uma pausa.

– Eu me virei e um minuto depois Arlena Marshall passou às pressas por mim. Ela parecia estar... bem, terrivelmente perturbada.

Weston disse:

– E o homem? A senhora sabe quem ele era?

Christine Redfern balançou a cabeça.

Ela disse:

– Ele manteve a voz sempre baixa. Eu mal consegui ouvir o que ele disse.

– O som não lhe sugeriu a voz de alguém que a senhora conhecesse?

Ela pensou de novo, mas outra vez balançou a cabeça. Ela disse:

– Não, eu não sei. Era uma voz áspera e baixa. Poderia... ah, poderia ter sido a voz de qualquer um.

O coronel Weston disse:

– Muito obrigado, sra. Redfern.

## II

Quando a porta já tinha se fechado atrás de Christine Redfern, o inspetor Colgate disse:

– Agora nós estamos chegando perto de alguma coisa!

Weston disse:

– Você pensa isso, é?

– Bem, é sugestivo, senhor, não podemos fugir desse fato. Alguém neste hotel estava chantageando a mulher.

Poirot murmurou:

– Mas não é o chantagista perverso quem jaz morto. É a vítima.

– Isso não deixa de ser um contratempo, eu concordo – disse o inspetor. – Os chantagistas não costumam ter o hábito de eliminar suas vítimas. Mas o que nós ganhamos é o seguinte: uma razão para o curioso comportamento da sra. Marshall nesta manhã. Ela tinha um encontro marcado com esse sujeito que estava lhe fazendo uma chantagem, e ela não queria que nem seu marido e nem Redfern soubessem a respeito.

– Isso certamente explica esse ponto – concordou Poirot.

O inspetor Colgate prosseguiu:

– E pensem no lugar escolhido. O local perfeito para o propósito. A dama sai com o seu pedalinho. Isso é bastante natural. É o que ela faz todos os dias. Ela vai até Pixy Cove, que ninguém jamais frequenta no período da manhã e que será um lugar tranquilo e silencioso para uma conversa.

Poirot disse:

– Mas é verdade, esse ponto também me chamou muito a atenção. O lugar é, como diz o senhor, ideal para um *rendez-vous.* É ermo, só é acessível pelo lado da ilha por meio de uma escada vertical de aço que não é para o estômago de qualquer um, *bien entendu.* Além do mais, a maior parte da praia é invisível de cima por causa do penhasco dominante. E há uma outra vantagem. O sr. Redfern me falou a respeito outro dia. Há uma caverna na enseada; a entrada da caverna não é fácil de encontrar, mas qualquer pessoa poderia esperar ali sem ser vista.

Weston disse:

– É claro, Pixy's Cave... lembro de já ter ouvido falar nela.

O inspetor Colgate disse:

– No entanto, não ouço falar dela faz muitos anos. Seria bom dar uma olhada no interior da caverna. Nunca se sabe, poderíamos encontrar um indício de algum tipo.

Weston disse:

– Sim, você tem razão, Colgate, nós temos a solução para a primeira parte do enigma. *Por que razão a sra. Marshall foi para Pixy's Cove?* Ainda nos falta a outra metade dessa solução, contudo. *Ela vai até lá para encontrar quem*? Presumivelmente, alguém que está hospedado neste hotel. Nenhum deles encaixou-se no papel de amante... mas um chantagista é uma proposta diferente.

Ele esticou o braço e pegou o registro.

– Deixando de fora os garçons, o engraxate etc., todos os quais me parecem suspeitos improváveis, nós temos os seguintes nomes: o americano chamado Gardener, o major Barry, o sr. Horace Blatt e o reverendo Stephen Lane.

O inspetor Colgate disse:

– Podemos estreitar um pouco as possibilidades, senhor. Poderíamos quase excluir da lista o americano, creio eu. Ele ficou na praia durante a manhã toda. Foi isso mesmo, não foi, Monsieur Poirot?

Poirot retrucou:

– Ele se ausentou por um breve tempo quando foi pegar uma meada de lã para sua esposa.

Colgate disse:

– Ah, bem, não precisamos levar em conta isso.

Weston disse:

– E quanto aos outros três?

– O major Barry saiu às dez horas nesta manhã. Ele voltou à uma e meia. O sr. Lane saiu mais cedo ainda. Disse que estava indo fazer uma caminhada demorada. O sr. Blatt foi velejar às nove e meia, bem como costuma fazer todos os dias. Nenhum dos dois voltou até agora.

– Foi velejar, é? – a voz do coronel Weston era pensativa.

A voz do inspetor Colgate reagiu. Ele disse:

– Isso poderia se encaixar muito bem, senhor.

Weston disse:

– Bem, nós trocaremos uma palavra com esse major... e deixem-me ver, quem mais nós temos? Rosamund Darnley. E temos essa mulher chamada Brewster, que encontrou o corpo com Redfern. Como ela é, Colgate?

– Ah, uma pessoa sensata, senhor. Nenhum disparate no comportamento dela.

– Ela não manifestou nenhuma opinião sobre a morte?

O inspetor balançou a cabeça.

– Não creio que ela terá qualquer informação a mais para nos dar, senhor, mas vamos precisar nos certificar disso. E depois nós temos os americanos.

O coronel Weston assentiu com a cabeça. Ele disse:

– Vamos trazê-los todos para cá e acabar com isso o mais depressa possível. Nunca se sabe, poderíamos descobrir algo. Se não sobre outra coisa, pelo menos sobre esse golpe da chantagem.

## III

O sr. e a sra. Gardener compareceram juntos à presença das autoridades.

A sra. Gardener explicou imediatamente:

– Espero que o senhor entenda como é, coronel Weston (esse é o nome, estou certa?).

Tendo sido assegurada nesse ponto, ela continuou:

– Mas esse foi um choque terrível para mim, e o sr. Gardener é sempre muito, muito cuidadoso em relação à minha saúde...

Aqui o sr. Gardener interveio:

– A sra. Gardener – ele disse – é muito sensível.

– ...E ele me disse, "Ora, Carrie", ele disse, "naturalmente eu irei junto com você". Não é que nós não tenhamos a maior das admirações pelos métodos da polícia britânica, porque nós temos. Já me disseram que os procedimentos da polícia britânica são os mais refinados e delicados, e eu jamais duvidei disso, e certamente uma vez quando desapareceu um bracelete meu no Savoy Hotel nada poderia ter sido mais adorável e simpático do que o jovem que veio ao meu socorro nesse problema, e, é claro, eu realmente não tinha perdido de jeito nenhum o meu bracelete, eu só tinha esquecido ele num certo lugar; isso é a parte ruim de ficar correndo tanto por aí o tempo inteiro, isso faz com que você fique um pouco esquecida de onde deixou as coisas...

A sra. Gardener fez uma pausa, inalou suavemente um pouco de ar e começou de novo:

– E o que eu digo é, e eu sei que o sr. Gardener concorda comigo, que nós estamos mais do que ansiosos para fazer qualquer coisa que possa ajudar a polícia britânica em todos os sentidos. Então o senhor vá em frente, pergunte absolutamente qualquer coisa que queira saber...

O coronel Weston abriu a boca para proceder em concordância com o convite, mas teve de postergar momentaneamente a fala enquanto a sra. Gardener prosseguia:

– Foi isso o que eu disse, Odell, não foi? E é assim mesmo, não é?

– Sim, querida – disse o sr. Gardener.

O coronel Weston falou com ímpeto:

– Eu soube, sra. Gardener, que a senhora e o seu marido estiveram na praia durante a manhã toda...

Dessa vez o sr. Gardener foi capaz de se manifestar primeiro.

– Isso mesmo – ele disse.

– Ora, certamente nós estivemos – disse a sra. Gardener. – E foi uma manhã adorável e tranquila, exatamente igual a qualquer outra manhã, se vocês me entendem, talvez até mesmo mais adorável, e nas nossas mentes não havia a mínima ideia sobre o que estava acontecendo no recanto daquela praia solitária.

– A senhora e o sr. Gardener chegaram a ver a sra. Marshall em algum momento hoje?

– Não. E eu disse para Odell, ora, por onde deve andar a sra. Marshall nesta manhã? Foi o que eu disse. E primeiro o marido dela apareceu, procurando por ela, e depois aquele jovem bonito, o sr. Redfern, e tão impaciente ele estava, apenas sentado lá, parado, na praia, mostrando sua carranca para tudo e para todos. E eu falei comigo mesma, ora, ele tem aquela ótima mulherzinha dele, será que ele precisa ficar correndo atrás daquela mulher tenebrosa? Porque isso é justamente o que eu sentia que ela era. Sempre senti isso a respeito dela, não é mesmo, Odell?

– Sim, querida.

– Como é que aquele simpático capitão Marshall se casou com uma mulher dessas eu simplesmente não consigo imaginar... e, com aquela simpática filha em fase de crescimento, e é tão importante para uma garota receber a influência certa. A sra. Marshall não era nem um pouco a pessoa certa... nenhuma educação em absoluto... e um temperamento bastante animalesco, eu diria. Ora essa, se o capitão Marshall tivesse algum bom senso, teria se casado com a srta. Darnley, que é uma mulher muito charmosa e muito distinta. Devo dizer que admiro a forma com a qual ela foi em frente, obstinada, e construiu para si um negócio de primeira classe. Fazer uma coisa dessas exige cérebro... e basta olhar para Rosamund Darnley para ver que ela tem cérebro de sobra. Ela seria capaz de planejar e desenvolver qualquer coisa que quisesse na face da Terra. Eu simplesmente admiro essa mulher mais do que consigo expressar. E eu disse para o sr. Gardener outro dia que qualquer um seria capaz de ver que ela era muitíssimo apaixonada pelo capitão Marshall... louca por ele, foi o que eu disse, não foi, Odell?

– Sim, querida.

– Parece que eles se conhecem desde a infância, e agora, ora essa, quem sabe, pode ser que tudo dê certo afinal de contas, com aquela mulher estando fora do caminho. Eu não sou uma mulher de pensamento tacanho, coronel Weston, e não é que eu não aprove o teatro tal como ele é... ora, entre as minhas melhores amigas eu tenho uma bela quantidade de atrizes... mas eu disse ao sr. Gardener desde o começo que havia algo de perverso naquela mulher. E vejam só, ficou comprovado que eu estava certa.

Ela fez uma pausa triunfante.

Os lábios de Hercule Poirot tremeram num pequeno sorriso. Seus olhos se defrontaram por alguns instantes com os perspicazes olhos cinzentos do sr. Gardener.

O coronel Weston falou, de uma maneira um tanto desesperada:

– Bem, obrigado, sra. Gardener. Imagino que não tenha ocorrido nada que a senhora ou o sr. Gardener tenham notado, desde que chegaram aqui, que possa ter alguma relação com o caso.

– Ora, não, acredito que não – o sr. Gardener falou com palavras arrastadas. – A sra. Marshall ficava em volta do jovem Redfern na maior parte do tempo... mas todo mundo poderá lhes dizer isso.

– E quanto ao marido dela? Ele se importava, o senhor acha?

O sr. Gardener falou cautelosamente:

– O capitão Marshall é um homem muito reservado.

A sra. Gardener confirmou isso dizendo:

– Ora, é claro, ele é um verdadeiro súdito britânico!

## IV

No semblante ligeiramente apoplético do major Barry, várias emoções pareciam disputar a predominância. Ele tentava parecer adequadamente horrorizado, mas não conseguia conter uma espécie de prazer envergonhado.

Ele estava dizendo com sua voz rouca e ligeiramente asmática:

– Fico contente por lhes ajudar como eu puder. Claro que eu não sei nada sobre o negócio... nada de nada. Não tenho nenhuma familiaridade com as partes interessadas. Mas bati muita perna nos bons tempos. Vivi por muito tempo no Oriente. E posso lhes dizer que, depois de ter estado numa estação de montanha na Índia, aquilo que você não sabe sobre a natureza humana não vale a pena saber.

Ele fez uma pausa, tomou fôlego e seguiu em frente de novo:

– Para falar a verdade, esse negócio me faz lembrar um caso em Simla. Um sujeito chamado Robinson, ou será que era Falconer? De qualquer maneira, ele estava no East Wilts, ou será que era North Surreys? Não consigo me lembrar agora, e de qualquer maneira isso não tem importância. Um camarada calado, sabe, um grande leitor... tranquilo como um monge, daria para dizer. Partiu para cima da esposa certa noite, no bangalô deles. Pegou a mulher pelo pescoço. Ela andava se metendo com sei lá qual sujeito e ele tinha descoberto tudo. Minha nossa, quase acabou com ela! Ela ficou por um fio. Fomos todos apanhados de surpresa! Não achei que ele fosse capaz daquilo.

Hercule Poirot murmurou:

– E o senhor vê nisso uma analogia com a morte da sra. Marshall?

– Bem, o que eu quero dizer... estrangulada, sabe... É a mesma ideia. O camarada de repente se enfurece!

Poirot disse:

– O senhor acha que o capitão Marshall se sentiu assim?

– Ah, ouça bem, eu não disse isso – o rosto do major Barry ficou mais vermelho ainda. – Eu não disse nada sobre Marshall. Ele é um camarada totalmente amigável. Eu não diria uma palavra contra ele por nada no mundo.

Poirot murmurou:

– Ah, *pardon*, mas o senhor de fato se referiu às reações naturais de um marido.

O major Barry disse:

– Bem, quer dizer, eu posso imaginar que a mulher era um vulcão. Hein? Colocou o jovem Redfern numa coleira, sem a menor dúvida. E provavelmente houve outros antes dele. E o engraçado é que os maridos são sempre uns imbecis. Espantoso. Nunca deixo de ficar surpreso. Eles percebem que um sujeito está de olho na esposa deles mas não percebem que *a esposa* está de olho no *sujeito*! Eu me lembro de um caso desse tipo em Poona. Uma mulher muito bonita. Nossa, ela deu um baile no marido...

O coronel Weston se mexeu no assento, um pouco irrequieto. Ele disse:

– Sim, sim, major Barry. No atual momento nós apenas precisamos estabelecer os fatos. O senhor não sabe de nada pessoalmente... nada que tenha visto ou notado que pudesse nos ajudar neste caso?

– Bem, realmente, Weston, não posso dizer que sei. Eu vi a mulher e o jovem Redfern certa tarde em Gull Cove – aqui ele piscou com conhecimento de causa e soltou uma risadinha profunda e áspera –, tudo muito bonito, aliás. Mas não é o tipo de prova que vocês querem. Ha, ha!

– O senhor não chegou a ver a sra. Marshall essa manhã?

– Não vi ninguém nessa manhã. Eu fui para St. Loo. A sorte que eu tenho... Um tipo de lugar, este aqui, onde não acontece nada por meses a fio... e aí, quando acontece, você perde!

A voz do major transmitia um arrependimento macabro.

O coronel Weston o incentivou a prosseguir:

– O senhor estava dizendo que foi para St. Loo...

– Sim, eu queria fazer uns telefonemas. Não há nenhum telefone aqui, e aquela agência dos correios em Leathercombe Bay não é muito privativa.

– As suas chamadas telefônicas eram de natureza muito privativa?

O major piscou com jovialidade de novo.

– Bem, eram e não eram. Eu queria entrar em contato com um parceiro meu e pedir para ele colocar uma soma num cavalo. Não consegui entrar em contato com ele, muito azar.

– De onde o senhor fez o telefonema?

– Da cabine telefônica dos correios em St. Loo. Depois, no caminho de volta, eu me perdi... aquelas malditas estradinhas... serpenteando e virando para todos os lados. Nisso eu devo ter perdido pelo menos uma hora. Porcaria de região confusa. Só consegui chegar de volta meia hora atrás.

O coronel Weston disse:

– O senhor falou com alguém ou encontrou alguém em St. Loo?

O major Barry disse com uma risadinha:

– Querem que eu apresente um álibi? Não consigo pensar em nada de útil. Eu vi mais ou menos umas cinquenta mil pessoas em St. Loo... mas isso não quer dizer que elas vão se lembrar de ter me visto.

O chefe de polícia disse:

– Nós precisamos perguntar essas coisas, o senhor sabe.

– Vocês estão mais do que certos. Podem me convocar a qualquer momento. Fico contente de ajudar. Uma mulher muito fascinante, a falecida. Eu gostaria de ajudá-los a pegar o camarada que fez isso. O Assassinato da Praia Solitária... posso apostar que é assim que os jornais vão chamar o crime. Isso me faz lembrar da época em que...

Foi o inspetor Colgate quem firmemente ceifou pela raiz essa última reminiscência e conduziu o loquaz major para fora da sala.

Retornando, ele disse:

– Vai ser difícil checar qualquer coisa em St. Loo. Estamos no meio da temporada de férias.

O chefe de polícia disse:

– Sim, não podemos excluí-lo da lista. Não que eu acredite seriamente que ele esteja implicado. Existem dezenas de velhos chatos como ele circulando por aí. Eu me lembro de um ou dois assim nos meus tempos de exército. Mesmo assim... ele é uma possibilidade. Eu deixo isso tudo para você, Colgate. Verifique em que horário ele saiu com o carro... gasolina... tudo isso. É humanamente possível que ele tenha estacionado o carro em algum lugar num ponto isolado, caminhado de volta para cá e seguido até a enseada. Mas isso não me parece provável. Ele teria corrido um risco excessivo de ser visto.

Colgate assentiu.

Ele disse:

– É claro que nós temos um bom número de *char--à-bancs* aqui hoje. Dia bonito. Eles começam a chegar pelas onze e meia. A maré alta foi às sete. A maré baixa teria sido por volta da uma hora. As pessoas decerto ficaram espalhadas na areia e no passadiço.

Weston disse:

– Sim. Mas ele teria de chegar pelo passadiço e passar por dentro do hotel.

– Não necessariamente por dentro. Ele poderia desviar pela trilha que sobe para o topo da ilha.

Weston falou, num tom de dúvida:

– Não estou dizendo que ele não possa ter cometido o crime sem ser visto. Praticamente todos os hóspedes do hotel estavam na beira da praia, com exceção da sra. Redfern e da jovem Marshall, que estavam em Gull Cove, e o começo da trilha só poderia ter sido visto por alguns poucos quartos do hotel, e são ínfimas as chances de que alguém estivesse olhando por aquelas janelas bem naquele momento. No que diz respeito a esse ponto, eu me atrevo a dizer que seria possível um homem caminhar até o hotel, atravessar o saguão e sair pelo outro lado sem que alguém o visse. Mas o que eu quero dizer é: ele não poderia *contar* com a possibilidade de que ninguém o visse.

Colgate disse:

– Ele poderia ter seguido até a ilha por barco.

Weston assentiu. Ele disse:

– Isso é bem mais razoável. Se ele tivesse um barco à disposição numa das enseadas das proximidades, ele poderia ter saído do carro, remado ou velejado até Pixy's Cove, cometido o assassinato, remado de volta, pegado o carro e retornado ao hotel com sua história de ter estado em St. Loo e de ter se perdido no caminho... uma versão que, como ele saberia muito bem, seria difícil de desacreditar.

– O senhor está certo.

O chefe de polícia disse:

– Bem, eu deixo para você essa incumbência, Colgate. Passe um pente-fino rigoroso nas redondezas. Você sabe o que fazer. Será bom conversarmos com a srta. Brewster agora.

## V

Emily Brewster não foi capaz de acrescentar nada de substancial valor àquilo que eles já sabiam.

Weston falou, quando ela já repetira sua história:

– E não há nada que a senhorita saiba que possa nos ajudar de alguma forma?

Emily Brewster disse de pronto:

– Receio que não. É um negócio perturbador. Entretanto, imagino que os senhores logo poderão esclarecer tudo.

Weston disse:

– Essa é a minha esperança, com toda certeza.

Emily Brewster disse secamente:

– Não será difícil.

– Com isso, srta. Brewster, a senhorita está querendo dizer o quê?

– Sinto muito. Eu não estava tentando lhes dizer como devem fazer o seu trabalho. Tudo que eu quis dizer foi que, com uma mulher daquele tipo, a solução deveria ser bastante fácil.

Hercule Poirot murmurou:

– Essa é a sua opinião?

Emily Brewster respondeu com rispidez:

– É claro. *De mortuis nil nisi bonum** e tudo mais, mas não podemos fugir dos *fatos*. Aquela mulher não era flor que se cheirasse, dos pés à cabeça. Basta vasculhar um pouco o passado repulsivo dela.

Hercule Poirot disse com suavidade:

– A senhorita não gostava dela?

– Eu sei um pouco demais a respeito dela.

Em resposta aos olhares intrigados a srta. Brewster prosseguiu:

– A minha prima se casou com um dos Erskine. Os senhores provavelmente já ouviram falar que aquela mulher induziu o velho Sir Robert, quando ele estava senil, a lhe deixar a maior parte de sua fortuna em detrimento da própria família.

O coronel Weston disse:

– E a família... hã... se ressentiu disso?

– Naturalmente. Sua ligação com ela foi um escândalo de qualquer maneira, e, ainda por cima, deixar para ela uma soma como cinquenta mil libras mostra muito bem o tipo de mulher que ela era. Ouso dizer que as minhas palavras soam duras, mas no meu entender as Arlenas Stuart deste mundo merecem bem pouca compaixão. Eu sei de outra coisa também... um sujeito jovem que perdeu a cabeça por ela completamente... ele sempre tinha sido um pouco maluco, e naturalmente a ligação com ela o fez passar dos limites. Ele fez uma coisa um tanto nebulosa com certas ações... unicamente com o propósito de obter dinheiro para gastar com ela... e só por muito pouco deu um jeito de escapar da justiça. Aquela mulher contaminava todos os homens que encontrava. Pensem em como ela estava arruinando o jovem Redfern. Não, eu receio que não consigo

* Dos mortos só se deve falar bem. (N.E.)

sentir nenhum pesar pela morte dela... muito embora, é claro, teria sido melhor se ela tivesse se afogado, ou caído de um penhasco. O estrangulamento é um tanto desagradável.

– E a senhorita imagina que o assassino seja alguém do passado dela?

– Sim, imagino.

– Alguém que veio do continente sem que ninguém o visse?

– Por que motivo alguém deveria vê-lo? Nós estávamos todos na praia. Eu soube que a pequena Marshall e Christine Redfern estavam em Gull Cove, afastadas. O capitão Marshall estava no quarto dele no hotel. Sendo assim, quem na face da terra poderia estar ali para vê-lo, com exceção, possivelmente, da srta. Darnley?

– Onde estava a srta. Darnley?

– Sentada num dos recantos no topo do rochedo. Sunny Ledge é o nome do lugar. Nós a vimos lá, o sr. Redfern e eu, enquanto remávamos em volta da ilha.

O coronel Weston disse:

– Pode ser que tenha razão, srta. Brewster.

Emily Brewster falou com firmeza:

– Com toda certeza eu tenho razão. Quando uma mulher não é nada mais nada menos do que uma desgraça sórdida, aí ela mesma vai acabar fornecendo a melhor pista possível. O senhor não concorda comigo, Monsieur Poirot?

Hercule Poirot ergueu a cabeça. Seus olhos se defrontaram com os confiantes olhos cinzentos da srta. Brewster. Ele disse:

– Sim, claro... Concordo com isso que a senhorita acabou de dizer agora. A própria Arlena Marshall é a melhor, a única pista, para sua própria morte.

A srta. Brewster disse abruptamente:

– Pois bem, então!

Ela ficou ali parada, uma figura ereta e robusta, seu olhar frio e autoconfiante passando de um homem para outro.

O coronel Weston disse:

– Fique certa, srta. Brewster, de que qualquer pista que puder existir na vida passada da sra. Marshall não será negligenciada.

Emily Brewster saiu.

## VI

O inspetor Colgate mudou de posição na mesa. Ele disse com uma voz pensativa:

– Ela é uma mulher determinada, essa aí. E não fez nenhuma questão de respeitar a falecida, absolutamente nenhuma.

Ele se calou por um minuto e disse, refletindo:

– É uma pena, de certa forma, que ela tenha um álibi inexpugnável para o decorrer da manhã toda. O senhor reparou nas mãos dela? Mãos grandes como as de um homem. E ela é uma mulher vigorosa... tão ou mais forte do que muitos homens, eu diria...

Ele se calou de novo. Seu olhar para Poirot era quase suplicante.

– E o senhor diz que ela não chegou a sair da praia em nenhum momento nesta manhã, Monsieur Poirot?

Poirot balançou a cabeça lentamente. Ele disse:

– Meu caro inspetor, ela chegou à praia antes que a sra. Marshall pudesse ter alcançado Pixy's Cove, e ficou no alcance da minha visão até sair com o sr. Redfern no barco.

O inspetor Colgate disse num tom sombrio:

– Isso, então, deixa ela de fora.

Ele parecia ter ficado incomodado com a constatação.

## VII

Como sempre, Hercule Poirot sentiu um intenso prazer quando viu Rosamund Darnley.

A srta. Darnley impunha uma distinção com sua presença até mesmo durante um rude interrogatório policial sobre os fatos brutais de um assassinato.

Ela sentou-se de frente para o coronel Weston e lhe dirigiu um semblante sério e inteligente.

Ela disse:

– O senhor quer o meu nome e o meu endereço? Rosamund Anne Darnley. Eu administro uma empresa de confecção de roupas chamada Rose Mond Ltda. em 622 Brook Street.

– Muito obrigado, srta. Darnley. Pois bem, a senhorita teria alguma coisa para nos dizer que possa nos ajudar?

– Eu realmente acredito que não.

– Os seus próprios movimentos...

– Tomei o café da manhã mais ou menos às nove e meia. Então subi para o meu quarto, apanhei alguns livros e a sombrinha e fui para Sunny Ledge. Isso deve ter sido pelas 10h25. Voltei para o hotel faltando uns dez minutos para o meio-dia, subi para pegar a minha raquete de tênis e fui até as quadras de tênis, onde joguei até a hora do almoço.

– A senhorita ficou no recanto do rochedo, denominado pelo hotel como Sunny Ledge, mais ou menos das dez e meia até dez para o meio-dia?

– Sim

– A senhorita chegou a ver a sra. Marshall nesta manhã?

– Não.

– A senhorita chegou a vê-la, do alto do rochedo, enquanto ela seguia com seu pedalinho rumo a Pixy's Cove?

– Não, ela deve ter passado antes que eu chegasse lá.

– A senhorita chegou a enxergar qualquer pessoa num pedalinho ou num barco nesta manhã?

– Não, creio que não. Veja bem, eu estava lendo. É claro que eu levantava os olhos do meu livro de tempos em tempos, mas o mar estava totalmente vazio todas as vezes.

– A senhorita não chegou a ver nem mesmo o sr. Redfern e a srta. Brewster enquanto eles passavam?

– Não.

– A senhorita conhecia, creio eu, a sra. Marshall?

– O capitão Marshall é um velho amigo da minha família. A minha família e a dele eram vizinhas de porta. Eu não via o capitão Marshall, no entanto, há muitos anos... deve ser algo como doze anos.

– E a sra. Marshall?

– Eu nunca tinha trocado sequer meia dúzia de palavras com a sra. Marshall até que a encontrei aqui.

– Até onde a senhorita sabia, o capitão e a sra. Marshall tinham um bom relacionamento?

– Um relacionamento perfeitamente bom, eu diria.

– O capitão Marshall era muito ligado à esposa?

Rosamund respondeu:

– Pode ser que tenha sido. Eu realmente não teria como lhe dizer nada a esse respeito. O capitão Marshall é um homem bastante antiquado... ele não tem esse hábito moderno de subir no telhado para gritar seus infortúnios matrimoniais.

– A senhorita gostava da sra. Marshall?

– Não.

O monossílabo foi proferido com calma e sem alteração na voz. Soou o que era: a simples declaração de um fato.

– Por quê?

Um meio sorriso apareceu nos lábios de Rosamund. Ela disse:

– Certamente os senhores já descobriram que Arlena Marshall não era popular com seu próprio sexo... Ela morria de tédio com as mulheres e não escondia isso. Mesmo assim, eu gostaria de ter sido a responsável pelas roupas dela. Ela tinha um grande dom para saber o que vestir. Suas roupas eram sempre as mais acertadas e caíam nela muito bem. Eu gostaria de ter tido Arlena Marshall como cliente.

– Ela gastava muito com roupas?

– Decerto gastava. Mas tudo bem, ela tinha bastante dinheiro, e o capitão Marshall, é claro, é muito rico.

– A senhorita alguma vez ouviu falar, ou alguma vez lhe ocorreu, que a sra. Marshall estivesse sendo chantageada, srta. Darnley?

Um olhar de intensa perplexidade tomou conta do rosto expressivo de Rosamund Darnley.

Ela disse:

– Chantageada? Arlena?

– A ideia parece lhe provocar surpresa.

– Bem, sim, é uma surpresa e tanto. Isso parece ser tão incongruente.

– Mas certamente é possível...

– Tudo é possível, não é? O mundo nos ensina isso bem depressa. Mas eu estou intrigada... qual poderia ser o motivo para que alguém chantageasse Arlena?

– Existem certas coisas, eu suponho, que a sra. Marshall poderia desejar com grande ansiedade que não chegassem aos ouvidos do marido...

– Be-em, sim.

Ela explicou a dúvida em sua voz dizendo com um meio sorriso:

– Eu pareço cética, mas vejam bem, Arlena era famosa em sua conduta. Ela nunca exibiu uma pose de grande respeitabilidade.

– A senhorita acha, então, que o marido dela tinha conhecimento das... das intimidades que ela tinha com outros?

Houve uma pausa. Rosamund franziu a testa. Ela falou, afinal, com uma voz lenta e relutante. Ela disse:

– Vejam, eu realmente não sei o que pensar. Eu sempre pensei que Kenneth Marshall aceitasse a sua esposa, muito francamente, do jeito que ela era. Que não tivesse quaisquer ilusões a respeito dela. Mas pode ser que não seja assim.

– Pode ser que ele tenha acreditado nela completamente?

Rosamund retrucou, com alguma dose de exasperação:

– Os homens são tão idiotas. E Kenneth Marshall é uma criatura pura por baixo de seus modos sofisticados. Ele *pode* ter acreditado nela cegamente. Ele pode ter pensado que ela era somente... admirada.

– E a senhorita sabe de alguém que... isto é, por acaso a senhorita ouviu falar de alguém que pudesse guardar algum rancor contra a sra. Marshall?

Rosamund Darnley sorriu. Ela disse:

– Apenas esposas ressentidas. E eu presumo, visto que ela foi estrangulada, que um homem a matou.

– Sim.

Rosamund disse num tom de reflexão:

– Não, não consigo pensar em ninguém. De qualquer forma, eu não teria como saber. Os senhores terão de perguntar para alguém que tinha relações íntimas com ela.

– Obrigado, srta. Darnley.

Rosamund se virou um pouco na cadeira. Ela falou:

– Monsieur Poirot não tem nenhuma pergunta para fazer?

O sorriso sutilmente irônico da dama lampejou diante dele.

Hercule Poirot sorriu e balançou a cabeça.

Ele disse:

– Não consigo pensar em nada.

Rosamund Darnley se levantou e saiu.

# Capítulo VIII

## I

Eles estavam no quarto que havia sido ocupado por Arlena Marshall.

Duas grandes janelas se abriam para uma varanda com vista para a praia de banho e o mar além. Os raios do sol se derramavam para dentro do quarto, cintilando na desconcertante variedade de potes e frascos da penteadeira de Arlena.

Ali podiam ser vistos todos os tipos de cosméticos e unguentos conhecidos nos salões de beleza. Em meio a essa panóplia de aparatos femininos, três homens se moviam atarefados. O inspetor Colgate tratava de fechar e abrir gavetas.

Dentro de pouco tempo ele soltou um grunhido. Havia topado com um pacote de cartas dobradas. Ele e Weston examinaram-nas juntos.

Hercule Poirot tinha se deslocado até o roupeiro. Ele abriu uma porta do armário e observou a multiplicidade de vestidos e trajes esportivos pendurados. Ele abriu o outro lado. Vaporosas peças de lingerie se acumulavam em pilhas. Uma prateleira ampla guardava chapéus. Outros dois chapéus de praia em cartolina vermelha e amarelada; um grande chapéu de praia havaiano; outro feito de um linho azul-escuro esmaecido e três ou quatro pequenos absurdos pelos quais, sem dúvida, muito dinheiro tinha sido gasto; uma espécie de boina em azul-escuro; um tufo, nada mais do que isso, em veludo preto; um turbante em cinza-claro.

Hercule Poirot ficou esquadrinhando esses objetos – um sorriso ligeiramente indulgente surgiu em seus lábios. Ele murmurou:

– *Les femmes!*

O coronel Weston estava dobrando de novo as cartas.

– Três do jovem Redfern – ele disse. – Maldito imbecil. Ele vai aprender a não escrever cartas para mulheres dentro de alguns anos. As mulheres sempre guardam as cartas e aí juram que queimaram todas. Tem uma outra carta aqui. Do mesmo gênero.

Ele estendeu a carta e Poirot a pegou.

*Querida Arlena,*

*Meu Deus, eu estou no fundo do poço. Partindo rumo à China... para talvez não ver você por muitos e muitos anos. Eu não sabia que um homem podia continuar enlouquecido por uma mulher como eu me sinto por você. Obrigado pelo cheque. Agora eu não vou ter problemas com a justiça. Foi por um fio, no entanto, e tudo porque eu queria ganhar um monte de dinheiro para você. Você me perdoa? Eu queria colocar diamantes nas suas orelhas – as suas orelhas adoráveis, adoráveis – e prender grandes pérolas brancas como leite em volta do seu pescoço, mas todo mundo diz que as pérolas não prestam hoje em dia. Uma fabulosa esmeralda, então? Sim, isso mesmo. Uma grande esmeralda, fria e verde e cheia de fogo oculto. Não se esqueça de mim – mas você não vai se esquecer, eu sei. Você é minha – sempre.*

*Adeus – adeus – adeus.*

*J.N.*

O inspetor Colgate disse:

– Poderá valer a pena descobrir se J.N. realmente fez essa viagem à China. Caso contrário... bem, ele poderia ser a pessoa que nós estamos procurando. Louco pela mulher, idealizando-a, descobrindo de repente que tinha feito papel de otário. Esse me parece ser o rapaz que a srta. Brewster mencionou. Sim, eu acredito que isso possa ser útil.

Hercule Poirot assentiu com a cabeça. Ele disse:

– Sim, essa carta é importante. Eu a julgo muito importante.

Ele se virou e ficou contemplando o quarto – os frascos na penteadeira – o roupeiro aberto e um grande boneco de pierrô que se refestelava insolentemente na cama.

Eles foram até o quarto de Kenneth Marshall.

A porta ficava ao lado, mas não havia nenhuma comunicação entre os quartos e este não tinha varanda. O panorama era o mesmo e neste havia duas janelas, mas o espaço era muito menor. Entre as duas janelas, um espelho com moldura dourada pendia da parede. Num dos cantos, depois da janela da direita, podia ser vista a penteadeira. Nela encontravam-se duas escovas de marfim, uma escova para roupas e um frasco de loção capilar. No canto da janela esquerda situava-se uma escrivaninha. Havia em cima dela uma máquina de escrever aberta e papéis arranjados ao lado numa pilha.

Colgate os examinou rapidamente.

Ele disse:

– Tudo parece bastante normal. Ah, eis aqui a carta que ele mencionou esta manhã. Datada do dia 24, que é ontem. E eis aqui o envelope com o carimbo de Leathercombe Bay desta manhã. Tudo parece estar nos eixos. Agora nós teremos uma ideia da possibilidade de ele ter preparado essa resposta de antemão.

Ele sentou-se.

O coronel Weston disse:

– Deixaremos essa incumbência com você por enquanto. Nós vamos apenas dar uma olhada nos demais quartos. Todos foram mantidos afastados deste corredor até agora, e estão ficando um pouco inquietos com isso.

Eles foram em seguida para o quarto de Linda Marshall. O quarto dava de frente para o leste, com um panorama que descia pelas rochas até o mar.

Weston deu uma olhada em volta. Ele murmurou:

– Não imagino que tenhamos alguma coisa para ver aqui. Mas é possível que Marshall tenha colocado algo no quarto da filha, algo que ele não queria que nós encontrássemos. Não é provável, contudo. Não é como se houvesse uma arma ou algo assim para dar um sumiço.

Ele saiu do quarto.

Hercule Poirot permaneceu onde estava. Ele encontrou algo que julgou interessante na lareira. Alguma coisa tinha sido queimada recentemente ali. Ele se ajoelhou, fazendo uma vistoria paciente. Dispôs o que encontrou numa folha de papel. Uma gota de cera grande e irregular; alguns fragmentos de papel ou cartolina verde – possivelmente uma folha arrancada de calendário, porque tratava-se de um fragmento não queimado contendo um grande número 5 e um pedaço de algo impresso... *nobres ações...* Havia também um alfinete comum e alguma matéria orgânica queimada que poderia ter sido cabelo.

Poirot arranjou seus achados com esmero, em sequência, e os contemplou.

Ele murmurou:

– "*Realize nobres ações, não sonhe com elas o dia inteiro.*" *C'est possible.* Mas o que é que se pode deduzir deste conjunto de coisas? *C'est fantastique!*

E então Poirot pegou o alfinete e os seus olhos se avivaram com intensidade.

Ele murmurou:

– *Pour l'amour de Dieu!* Será possível?

Hercule Poirot se levantou do ponto onde estava ajoelhado junto à lareira.

Ele passou os olhos pelo quarto com lentidão; dessa vez surgiu em seu semblante uma expressão inteiramente nova. Era uma expressão séria e quase severa.

À esquerda da cornija da lareira podia ser vista uma estante com uma fileira de livros. Hercule Poirot conferiu os títulos de maneira pensativa.

Uma Bíblia, um exemplar surrado das peças de Shakespeare. *O casamento de William Ashe*, da sra. Humphry Ward. *A jovem madrasta*, de Charlotte Yonge. *Um rapaz de Shropshire. Assassinato na Catedral*, de Eliot. *Santa Joana*, de Bernard Shaw. *E o vento levou*, de Margaret Mitchell. *O tribunal ardente*, de Dickson Carr.

Poirot retirou dois livros, *A jovem madrasta* e *William Ashe*, e os abriu para olhar a estampa borrada na folha de rosto. Quando estava prestes a recolocá-los no lugar, seu olhar notou um livro que tinha sido enfiado atrás dos outros. Era um volume pequeno, encadernado em couro marrom.

Poirot retirou o livro e o abriu. Balançou a cabeça bem devagar.

Ele murmurou:

– *Então eu estava certo...* Sim, eu estava certo. Mas quanto ao outro... será possível também? Não, não é possível, a menos que...

Ele ficou ali parado, imóvel, acariciando seu bigode enquanto sua mente vagueava, concentrada no problema.

Ele disse de novo, brandamente:

– *A não ser que...?*

## II

O coronel Weston espiou pela porta.

– Ei, Poirot, ainda está por aí?

– Já vou, já vou – exclamou Poirot.

Ele se precipitou para o corredor.

O quarto adjacente ao de Linda era o quarto dos Redfern.

Poirot olhou para dentro, percebendo automaticamente os vestígios de duas diferentes individualidades – o asseio e a meticulosidade que ele associava com Christine e a pitoresca desordem que era característica de Patrick. Afora essas ilustrações de personalidade, o quarto não lhe despertou interesse.

Em seguida vinha o quarto de Rosamund Darnley, e aqui ele se deteve durante um momento pelo puro prazer que lhe dava a personalidade de sua ocupante.

Ele reparou nos poucos livros que repousavam na mesa junto à cama, na dispendiosa simplicidade do conjunto de toalete sobre a penteadeira. E lhe chegou suavemente às narinas o elusivo e caro perfume usado por Rosamund Darnley.

Depois do quarto de Rosamund Darnley, na extremidade norte do corredor, havia uma janela aberta que dava para uma varanda; dali uma escadaria externa levava até as rochas abaixo.

Weston disse:

– É por aqui que as pessoas descem para tomar um banho de mar antes do café da manhã... isto é, se elas tomam banho junto às rochas, como a maioria costuma fazer.

Os olhos de Hercule Poirot se encheram de interesse. Ele avançou pela varanda e olhou para baixo.

Logo abaixo, uma trilha levava até uma série de degraus cortados em zigue-zague que desciam pelas rochas até o mar. Havia também uma trilha que circundava o hotel pela esquerda. Ele disse:

– Alguém poderia descer esta escada, seguir pela esquerda, circundando o hotel, e alcançar o caminho principal que vem do passadiço.

Weston assentiu. Ele aprofundou a afirmação de Poirot:

– Alguém poderia cruzar a ilha toda sem precisar atravessar o hotel em absoluto. – Ele acrescentou: – Mas esse alguém ainda poderia ser visto de uma janela.

– Que janela?

– Dois dos banheiros coletivos dão vista para este lado, o norte, e o banheiro dos funcionários, e os vestiários no térreo. E também a sala de bilhar.

Poirot concordou com a cabeça. Ele disse:

– E todos esses recintos possuem janelas de vidro fosco, e ninguém joga bilhar numa manhã de tempo bom.

– Exatamente.

Weston fez uma pausa e disse:

– Se foi ele quem cometeu o crime, é por esse caminho que ele seguiu.

– O senhor está se referindo ao capitão Marshall?

– Sim. Com chantagem ou sem chantagem, ainda sinto que tudo aponta para ele. E os modos dele... bem, os modos dele são lamentáveis.

Hercule Poirot falou secamente:

– Talvez... Mas os modos não fazem um assassino!

Weston disse:

– Então o senhor acha que ele está fora de questão?

Poirot balançou a cabeça. Ele disse:

– Não, eu não diria isso.

Weston disse:

– Vamos ver o que Colgate vai conseguir apurar quanto ao álibi da máquina de escrever. Enquanto isso, a camareira deste andar está esperando para ser interrogada.

Muita coisa poderá depender das evidências que ela nos proporcionar.

A camareira era uma mulher de trinta anos, enérgica, eficiente e inteligente. Suas respostas eram dadas com presteza.

O capitão Marshall subira para o seu quarto não muito tempo após as dez e meia. Ela estava terminando de arrumar o quarto naquele momento. Ele lhe pedira que fizesse o serviço tão depressa quanto possível. Ela não o vira retornar mas ouvira o som da máquina de escrever um pouco depois. Ela diria que eram mais ou menos 10h55. Nesse momento ela estava no quarto do sr. e da sra. Redfern. Depois de ter terminado esse aposento ela seguira para o quarto da srta. Darnley, no fim do corredor. Dali ela já não conseguia escutar a máquina de escrever. Ela entrou no quarto da srta. Darnley, com a maior precisão que poderia estabelecer, bem pouco depois das onze horas. Ela se lembrava de ter ouvido o sino da igreja de Leathercombe batendo a hora quando entrou. Às onze e quinze ela tinha descido ao térreo para o seu "lanche" e a sua xícara de chá das onze. Depois seguira para cuidar dos quartos na outra ala do hotel. Respondendo a uma pergunta do chefe de polícia, a camareira explicou que limpara os quartos do corredor em questão na seguinte ordem:

O quarto da srta. Linda Marshall, os dois banheiros coletivos, o quarto e o banheiro privativo da sra. Marshall, o quarto do capitão Marshall, o quarto e o banheiro privativo do sr. e da sra. Redfern, o quarto e o banheiro privativo da srta. Darnley. Os quartos do capitão Marshall e da sra. Marshall não tinham banheiros adjacentes.

Durante o tempo em que permaneceu no quarto e no banheiro da srta. Darnley, ela não escutara ninguém passando pela porta ou saindo pela escada na direção das rochas, mas era bastante provável que não ouvisse se alguém tivesse passado sem fazer barulho.

Weston dirigiu suas perguntas, então, para o tema da sra. Marshall.

Não, a sra. Marshall não era uma dessas que se levantam cedo por costume. Ela, Gladys Narracott, tinha ficado surpresa por encontrar a porta aberta e por constatar a ausência da sra. Marshall um pouco antes das dez. Uma coisa bastante incomum, aquilo.

– A sra. Marshall sempre tomava seu café da manhã na cama?

– Ah, sim, senhor, sempre. E não comia muito também. Só um chá e suco de laranja e uma fatia de torrada. Querendo emagrecer, como tantas outras senhoras.

Não, ela não percebera nada fora do normal nos modos da sra. Marshall naquela manhã. Ela lhe parecera a mesma de sempre.

Hercule Poirot murmurou:

– Qual era a sua opinião sobre a sra. Marshall, mademoiselle?

Gladys Narracott o encarou. Ela disse:

– Bem, isso dificilmente cabe a mim dizer, não é mesmo, senhor?

– Cabe sim, cabe à senhorita dizer o que pensa. Estamos ansiosos, muito ansiosos, por ouvir o seu parecer.

Gladys lançou um olhar levemente desconfortável para o chefe de polícia, que fez esforço para exibir uma expressão de aprovação e solidariedade, muito embora de fato se sentisse um pouco embaraçado pelos métodos de abordagem do seu colega estrangeiro. Ele disse:

– Hã... sim, certamente. Vá em frente.

Pela primeira vez a eficiência enérgica de Gladys Narracott abandonou-a. Seus dedos ficaram apalpando o seu vestido estampado. Ela disse:

– Bem, a sra. Marshall... ela não era exatamente uma dama, como a gente poderia dizer. O que eu quero dizer é que ela era mais como se fosse uma atriz.

O coronel Weston disse:

– Ela era uma atriz.

– Sim, senhor, isso é o que eu estou querendo dizer. Ela simplesmente ia em frente da maneira que bem entendesse. Ela não... bem, ela não se preocupava em ser educada se não estivesse se sentindo educada. E ela podia ser toda sorrisos num minuto e aí, se não conseguisse encontrar alguma coisa ou se a campainha não era respondida no mesmo segundo ou se a roupa dela não voltasse da lavanderia, bem, aí ela era totalmente grosseira e agressiva por causa do problema. Nenhum de nós, eu posso dizer, *gostava* da sra. Marshall. Mas as roupas dela eram lindas, e, é claro, ela era uma mulher muito bonita, então era mais do que natural que fosse admirada.

O coronel Weston disse:

– Sinto muito por ser obrigado a lhe perguntar o que vou lhe perguntar, mas trata-se de uma questão de importância vital. A senhorita saberia nos dizer como iam as coisas entre ela e o marido?

Gladys Narracott hesitou por um minuto.

Ela disse:

– O senhor não... não foi... o senhor não acha que foi *ele* que matou?

Hercule Poirot falou rapidamente:

– A senhorita acha?

– Ah! Eu não gostaria de achar isso. Ele é um cavalheiro tão amável, o capitão Marshall. Ele não seria capaz de fazer uma coisa dessas... tenho certeza que não seria.

– Mas a senhorita *não* tem muita certeza... eu sinto isso na sua voz.

Gladys Narracott disse com relutância:

– A gente realmente lê coisas assim nos jornais! Quando tem ciúme no meio. Se teve alguma coisa errada (e, é claro, todo mundo estava falando disso) entre ela e o sr. Redfern, eu quero dizer. E a sra. Redfern é uma senhora tão simpática e tranquila! Parece uma vergonha mesmo! E o sr. Redfern um cavalheiro simpático também, mas parece que os homens não conseguem se segurar quando se trata de uma pessoa como a sra. Marshall... acostumada a ter tudo do jeito que quer. As esposas precisam aguentar muita coisa, tenho certeza. – Gladys suspirou e fez uma pausa. – Mas se o capitão Marshall descobriu tudo...

O coronel Weston disse abruptamente:

– Pois bem?

Gladys Narracott disse devagar:

– Eu cheguei a pensar, mesmo, que a sra. Marshall estava com medo de que o marido descobrisse.

– O que faz com que senhorita diga isso?

– Não foi nada muito definido, senhor. Foi só que eu senti... que às vezes ela tinha... medo dele. Ele era um cavalheiro bastante quieto mas não era... não era *fácil* de lidar.

Weston disse:

– Mas a senhorita não tem nada de concreto para relatar? Nada que um dos dois tenha dito para o outro?

Lentamente, Gladys Narracott balançou a cabeça.

Weston suspirou. Ele prosseguiu:

– Bem, falemos agora sobre as cartas recebidas pelas sra. Marshall nesta manhã. A senhorita pode nos dizer alguma coisa sobre essas cartas?

– Foram cinco ou seis, senhor. Eu não saberia dizer exatamente.

– A senhorita levou as cartas para ela?

– Sim, senhor. Eu peguei no escritório, como de costume, e coloquei na bandeja do café da manhã.

– A senhorita se lembra se qualquer coisa sobre o aspecto delas?

A garota balançou a cabeça.

– Eram só umas cartas de aparência normal. Algumas delas eram contas e circulares, eu acho, porque ficaram ali rasgadas na bandeja.

– Onde elas foram parar?

– Elas foram jogadas na lata de lixo, senhor. Um dos cavalheiros da polícia está vendo isso agora.

Weston assentiu com a cabeça.

– E o conteúdo dos cestos de papel, onde ficou isso?

– Na lata de lixo também.

Weston disse:

– Hmm... Bem, acho que isso é tudo por enquanto.

Ele olhou com curiosidade para Poirot.

Poirot se inclinou para a frente.

– Quando a senhorita arrumou o quarto da jovem Linda Marshall, nesta manhã, a senhorita limpou a lareira?

– Não havia nada para limpar, senhor. Não tinha sido feito fogo.

– E não havia nada na lareira?

– Não, senhor, ela estava perfeitamente em ordem.

– Que horas eram quando a senhorita limpou o quarto dela?

– Mais ou menos nove e quinze, senhor, quando ela tinha descido para o café da manhã.

– A senhorita sabe se ela subiu para o quarto depois do café da manhã?

– Sim, senhor. Ela subiu mais ou menos às quinze para as dez.

– Ela permaneceu no quarto?

– Acho que sim, senhor. Ela saiu, até meio apressada, um pouco antes das dez e meia.

– A senhorita não entrou no quarto dela de novo?

– Não, senhor. Eu já tinha terminado o meu serviço nele.

Poirot assentiu. Ele disse:

– Há outra coisa que eu gostaria de saber. Quais foram as pessoas que tomaram banho de mar antes do café da manhã hoje?

– Eu não saberia dizer sobre a outra ala e sobre o andar de cima. Só sobre este.

– É só sobre este que eu quero saber.

– Bem, senhor, o capitão Marshall e o sr. Redfern foram os únicos hoje de manhã, eu acho. Eles sempre saem cedo para dar um mergulho.

– A senhorita os viu?

– Não, senhor, mas os trajes de banho deles estavam pendurados no parapeito da varanda como de costume.

– A srta. Linda Marshall não tomou banho de mar hoje de manhã?

– Não, senhor. Todas as roupas de banho dela estavam bem secas.

– Ah – disse Poirot. – Era o que eu queria saber.

Gladys Narracott falou por iniciativa própria:

– Ela costuma tomar banho de mar todas as manhãs, senhor.

– E as outras três, a srta. Darnley, a sra. Redfern e a sra. Marshall?

– A sra. Marshall nunca, senhor. Com a srta. Darnley isso ocorreu uma ou duas vezes, eu acho. A sra. Redfern não entra no mar antes do café da manhã com muita frequência... só quando está muito quente, mas ela não entrou no mar hoje de manhã.

Outra vez Poirot assentiu. Então ele perguntou:

– Tenho curiosidade de saber se a senhorita percebeu, por acaso, a falta de algum frasco em um dos quartos dos quais a senhorita cuida nesta ala...

– Um frasco, senhor? Que tipo de frasco?

– Infelizmente eu não sei. Mas por acaso a senhorita percebeu, ou seria provável que tivesse percebido, a falta de algum?

Gladys disse com franqueza:

– Eu não teria percebido isso no quarto da sra. Marshall, senhor, posso garantir. Ela tem coisa demais.

– E nos outros quartos?

– Bem, eu não tenho certeza quanto à srta. Darnley. Ela tem uma bela quantidade de cremes e loções. Mas nos outros quartos, sim, eu teria percebido, senhor. Quer dizer, se eu fosse olhar com cuidado especial. Se eu estivesse prestando atenção, por assim dizer.

– Mas a senhorita não percebeu nada de fato?

– Não, porque eu não estava olhando com cuidado especial, como eu disse.

– Talvez a senhorita pudesse ir lá olhar agora, então.

– Certamente, senhor.

Ela saiu da sala, seu vestido estampado farfalhando. Weston olhou para Poirot. Ele falou:

– Qual é o motivo disso tudo?

Poirot murmurou:

– A minha mente metódica, que se deixa inquietar por ninharias! A srta. Brewster, nesta manhã, foi tomar um banho de mar junto às rochas antes do café da manhã, e ela disse que um frasco foi jogado do alto e quase acertou-a. *Eh bien*, eu quero saber quem jogou esse frasco, e por quê.

– Meu caro amigo, qualquer pessoa poderia ter jogado fora um frasco.

– Negativo. Para começar, o frasco só poderia ter sido arremessado de uma janela no lado leste do hotel... ou seja, de uma das janelas dos quartos que nós acabamos de examinar. Agora eu lhe pergunto: se você tem um frasco vazio na sua penteadeira ou no seu banheiro, o que é que você faz com ele? Vou responder: você joga o frasco no cesto de lixo. Você não se dá o trabalho de sair na sua varanda e arremessá-lo no mar! Em primeiro lugar, você poderia acertar alguém; em segundo, seria um esforço desnecessário. Não, você só faria isso *se você não quisesse que alguém visse esse frasco em particular.*

Weston o encarou.

Weston disse:

– Sei que o inspetor-chefe Japp, que eu encontrei na investigação de um caso não muito tempo atrás, sempre diz que o senhor tem uma maldita mente tortuosa. O senhor não vai querer me dizer agora que Arlena Marshall não foi estrangulada em absoluto, que ela foi envenenada com certo frasco misterioso de uma droga misteriosa?

– Não, eu não creio que houvesse veneno naquele frasco.

– Então havia o quê?

– Eu simplesmente não sei. É por isso que estou interessado.

Gladys Narracott voltou. Ela estava um pouco ofegante. Ela disse:

– Sinto muito, senhor, mas não consegui perceber nada faltando. Tenho certeza de que nada sumiu do quarto do capitão Marshall, ou do quarto da srta. Linda Marshall, ou do quarto do sr. e da sra. Redfern, e tenho bastante certeza de que não tem nada faltando no quarto da srta. Darnley também. Mas eu não saberia dizer quanto ao quarto da sra. Marshall. Como eu já disse, ela tem tanta coisa...

Poirot encolheu os ombros.

Ele disse:

– Não faz mal. Vamos deixar assim.

Gladys Narracott disse:

– Mais alguma coisa, senhor?

Ela olhou de um para outro cavalheiro.

Weston disse:

– Creio que não. Muito obrigado.

Poirot disse:

– Não, muito obrigado. A senhorita tem certeza, então, de que não há nada, absolutamente nada, que tenha esquecido de nos contar?

– Sobre a sra. Marshall, senhor?

– Sobre absolutamente qualquer coisa. Qualquer coisa incomum, fora do normal, inexplicável, ligeiramente peculiar, um tanto curiosa... *enfin*, algo que tenha feito a senhorita dizer consigo mesma ou para uma das suas colegas: "Isso é engraçado!"?

Gladys disse num tom de dúvida:

– Bem, não o tipo de coisa que o senhor está imaginando...

Hercule Poirot disse:

– Não se preocupe com o que eu estou imaginando. A senhorita não sabe o que eu estou imaginando. É verdade, então, que a senhorita disse consigo mesma ou para uma colega hoje: "Isso é engraçado!"?

Ele proferiu as três palavras com uma indiferença irônica.

Gladys disse:

– Não foi nada de mais, realmente. Somente uma banheira com água correndo. E eu de fato comentei com Elsie, no térreo, que era engraçado alguém tomar um banho por volta do meio-dia.

– Que banheira? Quem tomou um banho?

– Isso eu não saberia dizer, senhor. Nós ouvimos a água descendo pelo encanamento nesta ala, isso é tudo, e foi aí que eu disse o que disse para Elsie.

– A senhorita tem certeza de que era uma banheira? Não era um dos lavatórios?

– Ah, tenho bastante certeza, senhor. Não dá para confundir a água da banheira correndo.

Como Poirot não demonstrou nenhum desejo adicional de segurá-la, Gladys Narracott teve permissão para partir.

Weston disse:

– Você não acha que essa questão da banheira é importante, Poirot, ou acha? Quero dizer, não faz nenhum sentido. Não há manchas de sangue ou qualquer coisa do tipo para lavar. Essa é a... – Weston hesitou.

Poirot falou por ele:

– Essa, você diria, é a vantagem do estrangulamento! Nenhuma mancha de sangue, nenhuma arma... nada para esconder ou fazer sumir! Nada é necessário senão força física... *e a alma de um matador!*

Sua voz era tão feroz, tão carregada de sentimento, que Weston recuou um pouco.

Hercule Poirot sorriu para ele como quem pede desculpas.

– Não, não – ele disse –, a banheira provavelmente não tem nenhuma importância. Qualquer pessoa pode ter tomado um banho. A sra. Redfern antes de sair para jogar tênis, o capitão Marshall, a srta. Darnley. Como eu disse, qualquer pessoa. Não há nada de mais nisso.

Um policial bateu na porta e colocou a cabeça para dentro.

– É a srta. Darnley, senhor. Ela disse que gostaria de falar com o senhor de novo por um minuto. Tem algo que ela esqueceu de lhe contar, segundo ela diz.

Weston falou:

– Já estamos descendo... agora mesmo.

## III

A primeira pessoa que eles viram foi Colgate. Sua expressão era sombria.

– Só um minuto, senhor.

Weston e Poirot o seguiram até o escritório da sra. Castle.

Colgate disse:

– Eu fui checar com Heald esse negócio da máquina de escrever. Não resta qualquer dúvida, não poderia ser feito em menos de uma hora. Mais tempo ainda, se você precisasse parar para pensar aqui e ali. Isso me parece bem resolvido. E vejam esta carta.

Colgate a estendeu.

*"Meu caro Marshall,*
*Sinto muito perturbá-lo nas suas férias, mas uma situação inteiramente imprevista surgiu no tocante aos contratos de Burley e Tender..."*

– "Etcetera, etcetera" – disse Colgate. – Data do dia 24, ou seja, ontem. Envelope carimbado ontem à tarde no distrito E.C.1 e em Leathercombe Bay nesta manhã. Mesma máquina de escrever usada no envelope e na carta. Além disso, pelo conteúdo, seria claramente impossível que Marshall preparasse sua resposta de antemão. Os números são condizentes com os números da carta... a coisa toda é bastante intrincada.

– Hmm – disse Weston, sombrio. – Isso parece deixar Marshall de fora. Nós teremos de procurar em outro lugar.

Ele acrescentou:

– Eu preciso ver a srta. Darnley de novo. Ela está esperando.

Rosamund entrou com passos enérgicos. Seu sorriso tinha uma *nuance* de pedido de desculpas.

Ela disse:

– Lamento muitíssimo. Provavelmente não é nada que valha a pena. Mas a gente se esquece tanto das coisas.

– Sim, srta. Darnley?

O chefe de polícia apontou uma cadeira.

Ela balançou sua formosa cabeça morena.

– Ah, não vale a pena sentar. É simplesmente o seguinte. Eu lhes disse que tinha passado a manhã deitada em Sunny Ledge. Isso não é de todo exato. Esqueci que num momento, durante a manhã, eu voltei para o hotel e saí de novo.

– A que horas foi isso, srta. Darnley?

– Deve ter sido mais ou menos às onze e quinze.

– A senhorita voltou para o hotel, é isso?

– Sim, eu tinha esquecido os meus óculos de sol. A princípio eu achava que não me incomodaria com isso, mas então os meus olhos ficaram cansados e eu decidi voltar para pegá-los.

– A senhorita foi direto até o seu quarto e depois saiu de novo?

– Sim. Quer dizer, para falar a verdade, eu só fui ver Ken... o capitão Marshall. Ouvi a máquina dele sendo usada e achei que era tão estúpido da parte dele ficar dentro de quatro paredes escrevendo num dia tão adorável. Eu pensei em lhe dizer para sair.

– E o que disse o capitão Marshall?

Rosamund sorriu com um ar bastante envergonhado.

– Bem, quando eu abri a porta ele estava datilografando tão vigorosamente, e com o rosto franzido e parecendo tão concentrado, que eu simplesmente me afastei sem fazer barulho. Acho que ele nem mesmo me viu entrar.

– E nesse momento eram... que horas eram, srta. Darnley?

– Por volta das 11h20. Eu olhei o relógio no saguão quando estava saindo.

## IV

– E isso coloca um ponto final na questão – disse o inspetor Colgate. – A camareira o escutou datilografando até as 10h55. A srta. Darnley o viu às 11h20, e a mulher estava morta às quinze para o meio-dia. Ele afirma ter passado essa hora datilografando em seu quarto, e parece bastante claro que *estava* datilografando em seu quarto. Isso exclui o capitão Marshall por completo.

Ele parou de falar, e então, olhando para Poirot com certa curiosidade, comentou:

– Monsieur Poirot parece estar pensando em alguma coisa com muita seriedade.

Poirot disse, pensativo:

– Eu estava especulando sobre o motivo que levou a srta. Darnley a nos trazer, de forma súbita e voluntária, essa evidência adicional.

O inspetor Colgate ergueu a cabeça, alertado.

– O senhor acredita que pode haver algo suspeito nisso? Que não é simplesmente uma questão de "esquecimento"?

Ele ponderou por alguns instantes e então disse, devagar:

– Veja bem, senhor, vejamos a questão da seguinte maneira. Supondo que a srta. Darnley não estivesse em Sunny Ledge nesta manhã como ela diz. Que a história é uma mentira. Agora suponha que *depois* de nos contar sua história ela descobre que alguém a viu em outro lugar, ou então que alguém foi até Sunny Ledge e não a encontrou ali. Então ela inventa essa história depressa e vem até nós e nos conta o que contou para explicar sua ausência. Percebam que ela teve o cuidado de dizer que o capitão Marshall não a *viu* quando ela foi dar uma olhada no quarto dele.

Poirot murmurou:

– Sim, eu percebi isso.

Weston falou, incrédulo:

– Vocês estão sugerindo que a srta. Darnley está envolvida nisso? É um disparate. Isso me parece absurdo. Ela estaria envolvida por quê?

O inspetor Colgate tossiu.

Ele disse:

– O senhor deve se lembrar do que disse a senhora americana, a sra. Gardener. Ela de certa forma sugeriu que a srta. Darnley tinha uma queda pelo capitão Marshall. Aí nós teríamos uma motivação, senhor.

Weston disse com impaciência:

– Arlena Marshall não foi morta por uma mulher. É por um homem que nós devemos procurar. Nós precisamos nos ater aos homens neste caso.

O inspetor Colgate suspirou. Ele disse:

– Sim, isso é verdade, senhor. Nós sempre voltamos a esse ponto, não é mesmo?

Weston prosseguiu:

– Será bom destacarmos um policial para cronometrar algumas distâncias. Do hotel, atravessando a ilha, até o topo da escada. Ele deverá percorrer o trajeto correndo e caminhando. A mesma coisa com a escada em si. E também será bom checar o tempo que alguém leva para ir de pedalinho da praia de banho até a enseada.

O inspetor Colgate assentiu.

– Vou cuidar disso tudo, senhor – ele disse, confiante.

O chefe de polícia disse:

– Acho que vou até a enseada agora. Vou ver se Phillips encontrou alguma coisa. E depois temos aquela caverna sobre a qual andaram nos falando. Deveríamos ver se existem quaisquer vestígios de um homem esperando lá dentro. Hein, Poirot? O que você acha?

– Sem sombra de dúvida. É uma possibilidade.

Weston disse:

– Se alguém de fora tivesse entrado sorrateiramente na ilha, esse seria um bom esconderijo... caso esse alguém soubesse da caverna. Suponho que os moradores da região saibam...

Colgate disse:

– Não creio que a geração mais nova saiba. Percebam, desde que este hotel foi inaugurado as enseadas se tornaram propriedade privada. Os pescadores não as frequentam, tampouco os grupos de piquenique. E os empregados do hotel não são da região. A sra. Castle é londrina.

Weston disse:

– Nós poderíamos levar Redfern conosco. Ele nos falou sobre a caverna. E quanto ao senhor, Monsieur Poirot?

Hercule Poirot hesitou. Ele disse, sua entonação estrangeira bastante pronunciada:

– Quanto a mim, eu sou como a srta. Brewster e a sra. Redfern, não gosto de descer escadas íngremes.

Weston disse:

– O senhor poderia circundar a ilha com o barco.

Outra vez Hercule Poirot suspirou:

– O meu estômago não fica muito feliz no mar.

– Bobagem, homem, o dia está maravilhoso. Calmo como uma lagoa. Ora, o senhor não pode nos deixar na mão...

Hercule Poirot exibiu a expressão de quem dificilmente iria responder a essa súplica idiomática. Naquele momento, porém, a sra. Castle enfiou seu rosto distinto e seu penteado elaborado pela porta.

– Eu espeeero, com toda certeza, não estar me intrometendo – ela disse. – Mas o sr. Lane, o clérigo, não é mesmo, acabou de retornar. Julguei que os senhooores gostariam de saber.

– Ah, claro, obrigado, sra. Castle. Nós iremos falar com ele o quanto antes.

A sra. Castle avançou um pouco mais recinto adentro. Ela disse:

– Não seeei se vale a pena mencionar, mas *ouvi* dizer que nem o menor dos incidentes deveria ser ignorado...

– Sim, sim? – falou Weston, impaciente.

– É só que uma senhora e um cavalheiro estiveram aqui por volta da uma hora. Vieram do continente. Para o almoço. Foram informados de que havia ocorrido um acidente e de que, devido às circunstâncias, nenhuma refeição poderia ser servida.

– Alguma ideia de quem eram os dois?

– Eeeeu não saberia dizer de jeito nenhum. Naturalmente, não deram os nomes. Os dois expressaram decepção e uma certa dose de curiosidade quanto à natureza do acidente. Eu não pude lhes dizer nada, é claro. Eu mesma diria que os dois eram veranistas da mais alta classe.

Weston disse bruscamente:

– Pois bem, muito obrigado por nos contar. Provavelmente não tem muita importância, mas é bastante adequado... hã... lembrar tudo.

– Naturalmente – disse a sra. Castle –, faço questão de cumprir o meu dever.

– Claro, claro. Peça ao sr. Lane para vir aqui.

## V

Stephen Lane adentrou a sala com seu vigor habitual.

Weston disse:

– Eu sou o chefe de polícia do condado, sr. Lane. Imagino que o senhor já tenha sido informado sobre o que ocorreu aqui...

– Sim... ah, sim... Fiquei sabendo assim que cheguei. Terrível... Terrível...

O corpo magro do sr. Lane estremeceu. Ele disse em voz baixa:

– O tempo inteiro... desde o primeiro minuto em que pisei aqui... eu tive consciência... plena consciência... das forças do mal nos espreitando de perto.

Seus olhos, olhos ardentes e ávidos, pousaram em Hercule Poirot.

Ele disse:

– O senhor se lembra, Monsieur Poirot? A nossa conversa de alguns dias atrás? Sobre a realidade do mal?

Weston ficou analisando aquela figura esquelética e alta com certa perplexidade. Achou difícil decifrar aquele homem. Os olhos de Lane voltaram para ele. O clérigo disse com um leve sorriso:

– Ouso dizer que isso lhe soa um tanto fantástico, senhor. Nós já deixamos de acreditar no mal hoje em dia. Abolimos o fogo do Inferno! Não acreditamos mais no Diabo! Mas Satã e os emissários de Satã nunca foram mais poderosos do que são hoje!

Weston disse:

– Hã... hã... sim, talvez. Essa, sr. Lane, é a sua área. A minha é mais prosaica: esclarecer um caso de assassinato.

Stephen Lane disse:

– Uma palavra horrorosa. Assassinato! Um dos mais antigos pecados conhecidos na Terra... o impiedoso derramamento do sangue de um irmão inocente...

Ele fez uma pausa, seus olhos semicerrados. Então, numa voz um pouco mais normal, falou:

– De que maneira eu posso lhes ajudar?

– Antes de mais nada, sr. Lane, o senhor poderia me relatar os seus movimentos no dia de hoje?

– De bom grado. Saí cedo numa das minhas habituais e longas andanças. Gosto muito de caminhar. Já perambulei um bocado pela região aqui em volta. Hoje eu fui para St. Petrock-in-the-Combe. Isso é mais ou menos a dez quilômetros daqui... uma caminhada muito agradável por estradinhas serpenteantes, subindo e descendo as colinas e os vales de Devon. Levei um lanche comigo e comi num bosquezinho. Visitei a igreja; ela tem alguns fragmentos... apenas fragmentos, infelizmente, de vitral antigo... e também um painel com uma pintura muito interessante.

– Obrigado, sr. Lane. O senhor encontrou alguém na sua caminhada?

– Ninguém digno de nota. Uma carroça passou por mim em certo momento, e alguns meninos e algumas vacas. Entretanto – ele sorriu –, se os senhores quiserem uma prova do meu depoimento, eu escrevi o meu nome no registro de visitantes da igreja. Os senhores o encontrarão no local.

– O senhor não viu ninguém na própria igreja? O vigário ou o sacristão?

Stephen Lane balançou a cabeça. Ele disse:

– Não, não havia ninguém por perto e eu era o único visitante. St. Petrock é um lugar bastante remoto. O próprio vilarejo fica na extremidade mais distante, um quilômetro adiante.

O coronel Weston disse com afabilidade:

– O senhor não deve pensar que nós estamos... hã... duvidando do que o senhor afirma. É só uma questão de checar tudo com todo mundo. Apenas rotina, perceba, pura rotina. Nós precisamos nos ater à rotina em casos desse tipo.

Stephen Lane falou com delicadeza:

– Claro, eu entendo perfeitamente.

Weston continuou:

– Agora o ponto seguinte. Haverá qualquer coisa que o senhor saiba que possa nos ajudar de algum modo?

Qualquer coisa sobre a mulher morta? Qualquer coisa que possa nos dar uma dica quanto ao possível assassino? Qualquer coisa que o senhor tenha ouvido ou visto?

Stephen Lane disse:

– Não ouvi nada. Tudo que posso lhes dizer é isto: que eu soube instintivamente, no momento em que a vi, que Arlena Marshall era um foco de malignidade. Ela *era* o Mal! O Mal personificado! A mulher pode ser o auxílio e a inspiração de um homem na vida... e ela também pode ser a perdição de um homem. Ela pode arrastar um homem ao nível de uma besta. A mulher morta era precisamente uma mulher assim. Atraía o que há de mais baixo na natureza de um homem. Ela era uma mulher como Jezebel e Oolibá. E agora... ela foi abatida no auge de sua perversidade!

Hercule Poirot se agitou. Ele disse:

– Abatida não... *estrangulada*! Estrangulada, sr. Lane, por um par de mãos humanas.

As próprias mãos do clérigo tremeram. Os dedos se retorceram e se contraíram. Ele disse, e sua voz saiu baixa e sufocada:

– Isso é horrível... horrível... O senhor precisa detalhar assim?

Hercule Poirot retrucou:

– É a simples verdade. O senhor saberia dizer, sr. Lane, de quem são essas mãos?

O outro balançou a cabeça. Ele disse:

– Eu não sei de nada... nada...

Weston se levantou. Ele disse, após um olhar para Colgate ao qual este último respondeu com um aceno de cabeça quase imperceptível:

– Bem, nós precisamos tomar o rumo da enseada.

Lane falou:

– Foi lá que... que aconteceu?

Weston assentiu com a cabeça.

Lane disse:

– Eu posso... posso ir com vocês?

Prestes a responder com uma curta negativa, Weston foi antecipado por Poirot:

– Mas certamente – disse Poirot. – Queira me acompanhar num barco, sr. Lane. Nós partimos imediatamente.

# Capítulo IX

## I

Pela segunda vez naquele dia Patrick Redfern estava em um barco remando na direção de Pixy's Cove. Os outros ocupantes do barco eram Hercule Poirot, muito pálido e com uma mão junto ao estômago, e Stephen Lane. O coronel Weston havia tomado a rota terrestre. Tendo sido detido no caminho, ele chegou à praia no momento em que o barco aterrava. Um policial e um sargento à paisana já estavam na praia. Weston fazia perguntas ao último quando os três tripulantes do barco se aproximaram e se juntaram a ele.

O sargento Phillips disse:

– Acho que já inspecionei cada centímetro da praia, senhor.

– Ótimo. E conseguiu encontrar o quê?

– Está tudo reunido aqui, se o senhor quiser dar uma olhada.

Uma pequena coleção de objetos estava disposta organizadamente sobre uma rocha. Havia uma tesoura, um maço vazio de cigarros Gold Flake, cinco tampas de garrafa, vários fósforos queimados, três pedaços de barbante, alguns fragmentos de jornal, um fragmento de um cachimbo, quatro botões, um osso de coxa de galinha e um frasco vazio de óleo bronzeador.

Weston observou os objetos de modo apreciativo.

– Hmm – ele disse. – Bastante moderado para uma praia nos dias de hoje! A maioria das pessoas parece confundir uma praia com um depósito público de lixo! O frasco vazio já devia estar aqui por um bom tempo, pelo aspecto borrado do rótulo, e o mesmo ocorrendo com a maioria das outras coisas, eu diria. A tesoura é nova, no entanto. Brilhando de nova. *Ela* não ficou pegando a chuva de ontem! Onde ela estava?

– Perto do primeiro degrau da escada, senhor. E também este pedaço de cachimbo.

– Hmm, provavelmente alguém que estava subindo ou descendo deixou cair. Não há como dizer a quem pertencem?

– Não, senhor. Uma tesoura de unha bastante comum. O cachimbo é de uma urze-branca de qualidade... coisa cara.

Poirot murmurou pensativamente:

– O capitão Marshall nos disse, eu creio, que havia esquecido seu cachimbo em algum lugar.

Weston disse:

– Marshall está fora de questão. De qualquer maneira, ele não é a única pessoa que fuma cachimbo.

Hercule Poirot ficou observando Stephen Lane enquanto este colocava a mão no bolso e a retirava. Ele disse de modo afável:

– O senhor também fuma cachimbo, não é mesmo, sr. Lane?

O clérigo sobressaltou-se. Ele olhou para Poirot.

Ele disse:

– Sim. Sim, claro. O meu cachimbo é um velho amigo e companheiro.

Colocando a mão no bolso de novo, ele tirou um cachimbo, encheu-o com tabaco e o acendeu.

Hercule Poirot se deslocou até onde Redfern estava parado, seu olhar vazio.

Ele disse em voz baixa:

– Fico contente... *ela* foi levada embora...

Stephen Lane perguntou:

– Onde ela foi encontrada?

O sargento disse com jovialidade:

– Bom onde o senhor está pisando.

Lane se afastou rapidamente para o lado. Ele olhou para o ponto que acabara de desocupar.

O sargento continuou:

– O lugar onde o pedalinho foi arrastado permite estabelecer o horário em que ela chegou aqui como quinze para as onze. Isso considerando a maré. Já virou agora.

– O trabalho de fotografia está todo feito? – perguntou Weston.

– Sim, senhor.

Weston se virou para Redfern.

– Pois bem, homem, onde fica a entrada para essa sua caverna?

Patrick Redfern ainda estava de cabeça baixa, olhando para o ponto da praia onde Lane estivera pisando. Era como se estivesse enxergando aquele corpo estirado que não se encontrava mais ali.

As palavras de Weston o chamaram à realidade.

Ele disse:

– É por aqui.

Redfern seguiu na frente até um local onde uma grande quantidade de rochas desabadas se amontoava pitorescamente de encontro à parede do penhasco. Ele avançou diretamente para um ponto onde duas rochas enormes, lado a lado, exibiam entre si uma fenda reta e estreita. Ele disse:

– A entrada é aqui.

Weston disse:

– Aqui? Não parece que um homem consiga se espremer para passar.

– A aparência engana, o senhor logo vai ver. Dá para passar, sim.

Weston se enfiou cautelosamente pela fenda. A brecha não era tão estreita quanto parecia. Por dentro, o espaço se alargava e revelava ser um recesso razoavelmente amplo, espaçoso a ponto de permitir que a pessoa ficasse de pé e se movimentasse de um lado a outro.

Hercule Poirot e Stephen Lane se juntaram ao chefe de polícia. Os outros permaneceram do lado de fora. A luz se infiltrava pela abertura, mas Weston tinha consigo uma tocha potente que manejava livremente pelo interior da caverna.

Ele observou:

– É um lugar bem conveniente. Você nunca suspeitaria do lado de fora.

Ele manejou a tocha com cuidado por sobre o chão.

Hercule Poirot farejava o ar delicadamente.

Notando isso, Weston disse:

– O ar é bastante fresco, sem cheiro de peixe ou alga, mas é claro que este lugar está bem acima do nível da maré alta.

Para o nariz sensível de Poirot, porém, o ar era mais do que fresco. Era delicadamente perfumado. Ele conhecia duas pessoas que usavam aquele perfume elusivo...

A tocha de Weston se aquietou. Ele disse:

– Não estou vendo nada fora do normal por aqui.

Os olhos de Poirot se elevaram até a borda de uma saliência de rocha, um pouco acima de sua cabeça. Ele murmurou:

– Alguém talvez pudesse tentar ver se não há nada ali em cima...

Weston disse:

– Se houver alguma coisa ali em cima, teria de ter sido colocada ali deliberadamente. Mesmo assim, será bom dar uma olhada.

Poirot disse para Lane:

– O senhor é, creio eu, o mais alto entre nós, monsieur. Poderíamos tomar a liberdade de lhe pedir para verificar se não há nada depositado naquela saliência?

Lane se esticou, mas não conseguiu alcançar muito bem o fundo da cavidade. Então, vendo uma fresta na rocha, inseriu ali um dedo do pé e se elevou com uma mão.

Ele disse:

– Vejam só, há uma caixa aqui.

Em um ou dois minutos os homens já estavam do lado de fora, sob o sol, examinando a descoberta do clérigo.

Weston disse:

– Cuidado, não mexam nela mais do que o imprescindível. Pode ser que existam impressões digitais.

Era uma lata verde-escura na qual se podia ler a palavra "Sanduíches".

O sargento Phillips disse:

– Deixaram aqui num piquenique qualquer, eu suponho.

Ele abriu a tampa com seu lenço.

Dentro havia pequenas latas com os dizeres "sal", "pimenta" e "mostarda" e duas latas maiores, quadradas, evidentemente destinadas a sanduíches. O sargento Phillips tirou a tampa do recipiente do sal. Estava cheio até a borda. Ele ergueu a tampa da lata seguinte, comentando:

– Hmm, tem sal na lata da pimenta também.

O recipiente da mostarda também continha sal.

Com o rosto subitamente alerta, o sargento abriu uma das grandes latas quadradas. Esta também continha o mesmo pó branco e cristalino.

Muito cautelosamente, o sargento Phillips mergulhou um dedo no pó e o levou à língua.

Seu rosto se transformou. Ele disse – e sua voz se mostrou agitada:

– Isto não é *sal*, senhor! Não é nem remotamente parecido com sal! Gosto amargo! Ao que me parece, é alguma espécie de *droga*.

## II

– O terceiro ângulo – disse o coronel Weston com um gemido.

Eles estavam de volta ao hotel.

O chefe de polícia prosseguiu:

– Se por algum acaso houver uma gangue de traficantes envolvida no caso, isso abre diversas possibilidades. Antes de mais nada, a própria mulher morta pode ter feito parte da gangue. Vocês acham isso provável?

Hercule Poirot disse com cautela:

– É possível.

– Ela pode ter sido uma viciada em drogas?

Poirot balançou a cabeça.

Ele disse:

– Duvido disso. Ela era uma pessoa controlada, com uma saúde radiante, não tinha marcas de injeções hipodérmicas (não que isso prove qualquer coisa; algumas pessoas cheiram o troço). Não, eu não creio que ela usasse drogas.

– Neste caso – disse Weston –, ela pode ter topado com o negócio acidentalmente, aí ela foi deliberadamente silenciada pelas pessoas que davam as cartas. Em pouco tempo nós saberemos o que é aquela substância. Eu a mandei para Neasdon. Se estamos diante de uma rede de tráfico, não vamos lidar com pessoas que se atenham a ninharias...

Ele parou de falar enquanto a porta se abria e o sr. Horace Blatt entrava na sala com passos enérgicos.

O sr. Blatt parecia estar acalorado. Ele limpava o suor de sua testa. Sua voz profunda e frenética se agigantou e encheu a pequena sala.

– Acabo de chegar e soube da notícia neste exato minuto! O senhor é o chefe de polícia? Me disseram que estava aqui. O meu nome é Blatt... Horace Blatt. Posso lhe ajudar de alguma forma? Imagino que não. Estive fora, no meu barco, desde o início da manhã. Perdi o espetáculo todo. No único dia em que algo *de fato* acontece neste fim de mundo eu não estou aqui. A vida é assim mesmo, não é? Olá, Poirot, não o tinha visto quando entrei. Então o senhor está metido nisso? Ah, pois bem, eu não imaginaria outra coisa. Sherlock Holmes versus a polícia local, é isso? Ha, ha! Lestrade... e assim por diante. Vou me divertir vendo o senhor aplicar alguns dos seus métodos extravagantes de investigação.

O sr. Blatt baixou âncora numa cadeira, sacou uma cigarreira e ofereceu um cigarro para o coronel Weston, que balançou a cabeça.

Ele disse, com um ligeiro sorriso:

– Eu sou um inveterado fumante de cachimbo.

– Comigo ocorre o mesmo. Também fumo cigarro... mas nada supera um cachimbo.

O coronel Weston falou com súbita jovialidade:

– Então acenda o seu cachimbo, homem.

Blatt balançou a cabeça.

– Não tenho o meu cachimbo comigo no momento. Mas me deixem por dentro da história toda. Tudo que eu ouvi, até agora, é que a sra. Marshall foi encontrada assassinada numa das praias daqui.

– Em Pixy Cove – disse o coronel Weston, observando seu interlocutor.

Mas o sr. Blatt meramente perguntou, com excitação:

– E ela foi estrangulada?

– Sim, sr. Blatt.

– Sórdido... bem sórdido. Mas tenham em mente, ela pediu por isso! Coisa picante... *très moutarde*... hein, Monsieur Poirot? Alguma ideia sobre quem a matou, ou não devo fazer essa pergunta?

Com um débil sorriso, o coronel Weston disse:

– Veja bem, supõe-se que sejamos nós os responsáveis por fazer as perguntas.

O sr. Blatt acenou seu cigarro.

– Perdão... perdão... erro meu. Vá em frente.

– O senhor saiu velejando nesta manhã. Em que horário?

– Saí daqui às quinze para as dez.

– Alguém foi junto com o senhor?

– Negativo. Eu sozinho e mais ninguém.

– E para onde o senhor foi?

– Segui pela costa na direção de Plymouth. Levei o almoço comigo. Não tinha muito vento, então não cheguei a ir realmente muito longe.

Depois de mais uma ou duas questões, Weston perguntou:

– E quanto aos Marshall? O senhor sabe de alguma coisa que possa nos ajudar?

– Bem, eu já lhes dei a minha opinião. *Crime passionnel!* Tudo que eu posso lhes dizer é: não fui *eu*! A bela Arlena não era para mim. Não havia o que fazer nesse quadrante. Ela já tinha o seu próprio garoto de olhos azuis! E se vocês quiserem saber o que eu acho, Marshall estava se dando conta da traição.

– O senhor tem alguma evidência disso?

– Eu vi Marshall olhando Redfern com cara feia uma ou duas vezes. Sujeito indecifrável, esse Marshall. Parece um tanto meigo e manso, como se estivesse meio adormecido o tempo inteiro... mas essa não é a reputação dele na cidade. Já ouvi algumas coisas a respeito dele.

Quase foi detido por agressão certa vez. Vejam bem, o sujeito em questão tinha feito uma jogada bastante suja. Marshall tinha confiado no sujeito e o sujeito tinha passado a perna nele. Um negócio particularmente sujo, eu acredito. Marshall partiu para cima do sujeito e quase o matou. O sujeito não prestou queixa... morrendo de medo das consequências. Isso eu posso lhes dizer, se é que vale alguma coisa.

– Então o senhor acha que é possível – falou Poirot – que o capitão Marshall tenha estrangulado a esposa?

– Absolutamente não. Eu jamais disse qualquer coisa desse tipo. Só estou lhes deixando informados de que ele é o tipo de sujeito que pode entrar em parafuso de vez em quando.

Poirot disse:

– Sr. Blatt, temos razão para crer que a sra. Marshall se dirigiu a Pixy Cove nesta manhã para se encontrar com alguém. O senhor faz alguma ideia de quem poderia ser esse alguém?

O sr. Blatt piscou um olho.

– Não é um palpite. É uma certeza. Redfern!

– Não foi o sr. Redfern.

O sr. Blatt pareceu ter sido apanhado de surpresa. Ele disse de modo hesitante:

– Então eu não sei... Não, não consigo imaginar...

Ele continuou, retomando um pouco da sua presença de espírito:

– Como eu já disse, não fui *eu*! Não tive essa sorte! Deixem-me ver, não poderia ter sido Gardener... a esposa o vigia dia e noite! Barry, aquele velho imbecil? Ora essa! E dificilmente seria o pároco. Muito embora, percebam, eu tenha visto sua reverência olhando para ela com certa insistência. Todo cheio de sagrada desaprovação, mas talvez também com um olho nas curvas ao mesmo tempo! Hein? Um monte de hipócritas, quase todos os párocos. Vocês leram sobre aquele caso no mês passado? O pastor e a filha do cura. Isso deveria abrir os olhos das pessoas.

O sr. Blatt deu uma risadinha.

O coronel Weston disse friamente:

– Não há nada que o senhor consiga lembrar que possa nos ajudar?

O outro balançou a cabeça.

– Não. Não consigo me lembrar de nada. – Ele acrescentou: – Essa história vai causar um certo estardalhaço, eu creio. A imprensa vai cair em cima como uma nuvem de moscas. Não vai mais existir, no futuro, toda essa exclusividade de alta classe do Jolly Roger. Jolly Roger, até parece. Grande jovialidade* esse hotel tem.

Hercule Poirot murmurou:

– O senhor não gostou da sua estada no hotel?

O rosto vermelho do sr. Blatt ficou ligeiramente mais avermelhado. Ele disse:

– Bem... não, não gostei. É razoável para velejar, e também a paisagem e o serviço e a comida... Mas não há nenhum *companheirismo* neste lugar, vocês entendem? O que eu estou querendo dizer é: o meu dinheiro vale tanto quanto o de qualquer outro homem. Estamos todos aqui em nome de um pouco de diversão. Então por que não podemos ficar juntos e *ter* alguma diversão? Todas essas panelinhas e as pessoas sentadas sozinhas e dando para você um bom-dia glacial... e um boa-noite glacial... e sim, o tempo está muito agradável. Nenhum *joá de vive*. Um monte de patetas convencidos!

O sr. Blatt fez uma pausa – a essa altura ele já estava mais do que vermelho.

Ele limpou a testa mais uma vez e falou, se desculpando:

– Não liguem para mim. Eu fico agitado demais.

---

* Referência a *jolly* ("jovial", "alegre") de Jolly Roger, como é chamada a bandeira dos piratas. (N.T.)

## III

Hercule Poirot murmurou:

– E o que devemos pensar sobre o sr. Blatt?

O coronel Weston arreganhou os dentes e disse:

– O que *o senhor* pensa sobre ele? O senhor esteve mais com ele do que eu.

Poirot disse com suavidade:

– O seu idioma inglês tem muitas expressões para descrevê-lo. O diamante bruto! O homem que venceu por esforço próprio! O alpinista social! Ele é, dependendo de como quisermos observá-lo, patético, ridículo, espalhafatoso! É uma questão de opinião. Mas eu acredito que ele seja outra coisa também.

– E o que seria essa coisa?

Hercule Poirot, seus olhos levantados na direção do teto, murmurou:

– Eu acho que ele é um homem... *nervoso*!

## IV

O inspetor Colgate disse:

– Fiz a cronometragem daquelas distâncias. Do hotel até a escada que desce para Pixy Cove, três minutos. Isso se você caminhar até sair da vista do hotel e então correr como um louco.

Weston ergueu as sobrancelhas. Ele disse:

– Isso é mais rápido do que eu tinha pensado.

– Descendo a escada até a praia, um minuto e 45. Subindo por ela, dois minutos. Isso com o policial Flint. Ele é quase um atleta. Caminhando e usando a escada do jeito normal, o negócio todo exige algo em torno de quinze minutos.

Weston assentiu com a cabeça. Ele disse:

– Há outra coisa que nós precisamos averiguar: a questão do cachimbo.

Colgate disse:

– Blatt fuma cachimbo, assim como Marshall, assim como o pároco. Redfern fuma cigarro, o americano prefere um charuto. O major Barry simplesmente não fuma. Nós temos um cachimbo no quarto de Marshall, dois no de Blatt e um no do pároco. A camareira disse que Marshall tem dois cachimbos. A outra camareira não é uma moça muito esperta. Não sabe quantos cachimbos os outros dois têm. Ela afirma vagamente que percebeu dois ou três aqui e ali nos quartos.

Weston assentiu.

– Mais alguma coisa?

– Fiz as checagens com os funcionários. Tudo me parece certo com eles. Henry, do bar, confirmou a declaração de Marshall sobre tê-lo visto às 10h50. William, o atendente da praia, ficou fazendo um conserto na escada das rochas, junto ao hotel, durante a maior parte da manhã. Não me parece haver nada de duvidoso no caso dele. George marcou as quadras de tênis e depois colocou algumas plantas para pegar sol junto à sala de jantar. Nenhum dos dois teria visto uma pessoa que entrasse na ilha pelo passadiço.

– A que horas o passadiço ficou descoberto?

– Por volta das nove e meia, senhor.

Weston puxou os fios de seu bigode.

– É possível que alguém de fato tenha chegado por esse caminho. Temos um novo ângulo, Colgate.

Ele falou sobre a descoberta da lata de sanduíches na caverna.

## V

Houve uma batida na porta.

– Entre – disse Weston.

Era o capitão Marshall.

Ele disse:

– Os senhores podem me dizer que providências eu posso tomar quanto ao funeral?

– Creio que vamos conseguir dar um jeito no inquérito até depois de amanhã, capitão Marshall.

– Obrigado.

O inspetor Colgate disse:

– Perdão, senhor, permita-me lhe devolver isto aqui.

Ele passou às mãos do capitão Marshall as três cartas.

Kenneth Marshall sorriu de uma maneira bastante sardônica.

Ele disse:

– O departamento de polícia já testou a minha velocidade na máquina de escrever? Espero que a minha reputação esteja salva.

O coronel Weston disse afavelmente:

– Sim, capitão Marshall, acho que podemos lhe passar um atestado de perfeita saúde. Essas páginas exigem uma hora inteira de datilografia. Além do mais, o senhor foi ouvido datilografando-as pela camareira até às 10h55, e foi visto por outra testemunha vinte minutos depois das onze.

O capitão Marshall murmurou:

– Não diga! Tudo isso parece ser bastante satisfatório!

– Sim. A srta. Darnley passou pelo seu quarto às 11h20. O senhor estava tão ocupado escrevendo que não percebeu a entrada dela.

O rosto de Kenneth Marshall exibiu uma expressão impassível. Ele disse:

– A srta. Darnley disse isso? – ele fez uma pausa. – Para falar a verdade, ela está errada. Eu *de fato* a vi, embora ela possa não ter tomado conhecimento disso. Eu a vi no espelho.

Poirot murmurou:

– Mas o senhor não interrompeu o seu trabalho na máquina?

Marshall disse laconicamente:

– Não. Eu queria terminar.

Ele se manteve calado por um minuto e então, com voz abrupta, falou:

– Nada mais que eu possa fazer pelos senhores?

– Não, muito obrigado, capitão Marshall.

Kenneth Marshall acenou com a cabeça e saiu.

Weston suspirou e disse:

– Lá vai o nosso suspeito mais viável... inocente! Ei, Neasdon já chegou.

O doutor entrou levemente agitado. Ele disse:

– Vocês me mandaram um belo material mortífero.

– O que é?

– O que é? Cloridrato de diamorfina. O troço que geralmente chamam de heroína.

O inspetor Colgate assobiou. Ele disse:

– *Agora* nós estamos avançando, sem dúvida! Podem confiar no que eu digo, esse lance das drogas está na origem da história toda.

# Capítulo X

## I

O pequeno grupo de pessoas se aglomerou do lado de fora do Red Bull. A breve investigação estava terminada – suspensa por duas semanas.

Rosamund Darnley acompanhava o capitão Marshall. Ela disse em voz baixa:

– Não foi tão ruim assim, foi, Ken?

Ele não respondeu de imediato. Talvez tivesse consciência dos olhares fixos dos moradores, dos dedos que praticamente apontavam para ele, que por muito pouco não chegavam a fazer isso!

*"É aquele ali, minha querida." "Olha, é o marido dela." "Esse é o tal do marido." "Olha só, ali vai ele..."*

Os murmúrios não eram altos o suficiente para chegar aos ouvidos de Kenneth Marshall, mas isso não o tornava menos sensível a eles. Aquele era o pelourinho dos dias modernos. A imprensa ele já encontrara – homens jovens, autoconfiantes e persuasivos, experientes na tática de bombardear a fortaleza de silêncio do "Nada a declarar" que ele tinha tentado construir. Até mesmo os curtos monossílabos que ele havia proferido, julgando que estes, pelo menos, não poderiam gerar mal-entendidos, tinham reaparecido nos jornais daquela manhã com uma feição totalmente diferente. "Quando solicitado a responder se concordava que o mistério da morte de sua esposa só poderia ser explicado sob a suposição de que um assassino homicida conseguira entrar na ilha, o capitão Marshall declarou que..." – e assim por diante.

As máquinas fotográficas haviam clicado incessantemente. Agora, naquele instante, o bem conhecido som lhe chegou aos ouvidos. Ele se virou – um jovem sorridente acenava com jovialidade a cabeça, sua missão cumprida.

Rosamund murmurou:

– "O capitão Marshall e uma amiga saindo do Red Bull após o inquérito."

Marshall estremeceu.

Rosamund disse:

– Não há o que fazer, Ken! Você precisa enfrentar a situação! Eu não estou me referindo apenas ao fato da morte de Arlena... estou me referindo a toda essa bestialidade resultante. Os olhares fixos e as línguas maldosas, as entrevistas idiotas nos jornais... E o melhor jeito de encarar isso é achar tudo engraçado! Repita todos os velhos clichês sem sentido e olhe com desprezo para todos eles.

Ele disse:

– É esse o seu modo de agir?

– Sim. – Ela fez uma pausa. – Não é o seu modo, eu sei. A camuflagem protetora é mais a sua linha. Permanecer rigidamente inativo e desaparecer no pano de fundo! Mas você não vai conseguir fazer isso agora... não há nenhum pano de fundo no qual você possa desaparecer. Você fica em relevo, destacado à vista de todos, como um tigre listrado contra um pano de fundo branco. *O marido da mulher assassinada!*

– Pelo amor de Deus, Rosamund...

Ela disse com delicadeza:

– Meu querido, eu estou tentando ser boa com você!

Eles avançaram alguns passos em silêncio. Então, com uma voz diferente, Marshall falou:

– Eu sei que você está. Eu realmente não quero ser ingrato, Rosamund.

Eles haviam caminhado além dos limites do vilarejo. Olhares os perseguiam, mas não havia ninguém muito perto. A voz de Rosamund Darnley baixou de tom enquanto ela repetia uma variante de sua primeira observação:

– Até que não foi tão ruim assim, não é mesmo?

Ele ficou em silêncio por um momento e então disse:

– Eu não sei.

– O que é que a polícia acha?

– Eles são evasivos.

Depois de um minuto, Rosamund disse:

– Aquele homenzinho, Poirot, ele está realmente tendo uma participação ativa?

Kenneth Marshall disse:

– Ele me pareceu muito próximo do chefe de polícia outro dia.

– Eu sei... mas ele está fazendo alguma coisa?

– Como eu poderia saber, Rosamund?

Ela disse pensativamente:

– Ele é bastante velho. Provavelmente já está meio gagá.

– Talvez.

Eles chegaram ao passadiço. Em frente a eles, serena sob o sol, erguia-se a ilha.

Rosamund disse de súbito:

– Às vezes... as coisas parecem irreais. Não consigo acreditar, neste exato instante, que isso tenha mesmo acontecido...

Marshall falou devagar:

– Acho que eu sei o que você quer dizer. A natureza é tão indiferente! Uma formiga a menos... a natureza é só isso!

Rosamund disse:

– Sim... e essa é a maneira mais adequada de encarar a situação, na verdade.

Marshall lhe dirigiu um olhar muito rápido. Então disse em voz baixa:

– Não se preocupe, minha querida. Está tudo bem. *Está tudo bem.*

## II

Linda desceu até o passadiço para encontrá-los. Ela se movia com as contrações espasmódicas de uma potra. Seu rosto jovem se mostrava desfigurado por profundas sombras negras sob os olhos. Seus lábios pareciam secos e ásperos.

Ela disse sem fôlego:

– O que foi que aconteceu... o que foi... que eles disseram?

Seu pai falou abruptamente:

– Inquérito suspenso por duas semanas.

– Isso quer dizer que eles não... que eles não decidiram?

– Sim. Eles precisam de mais evidências.

– Mas... mas o que é que eles acham?

Marshall sorriu um pouco, a contragosto.

– Ah, minha querida menina... quem vai saber? E a quem você está se referindo com "eles"? O legista, o júri, a polícia, os repórteres dos jornais, os pescadores de Leathercombe Bay?

Linda disse devagar:

– Acho que eu estou me referindo... à polícia.

Marshall disse secamente:

– Seja lá o que a polícia esteja pensando, eles não revelam nada no momento.

Seus lábios se comprimiram com força depois da frase. Ele entrou no hotel.

Com Rosamund Darnley prestes a segui-lo, Linda disse:

– Rosamund!

Rosamund se virou. O mudo apelo no rosto infeliz da garota tocou-a. Ela entrelaçou seu braço com o de Linda e as duas caminharam juntas para longe do hotel, pegando a trilha que levava para a extremidade da ilha.

Rosamund disse com suavidade:

– Tente não se preocupar tanto, Linda. Eu sei que é tudo muito terrível, um grande choque, tudo isso, mas não adianta nada ficar remoendo essas coisas. E só pode ser o... o horror daquela morte o que está inquietando você. Você nem mesmo *gostava* de Arlena...

Ele percebeu o tremor que percorreu o corpo da garota enquanto Linda respondeu:

– Não, eu não gostava dela...

Rosamund prosseguiu:

– Sentir pesar por causa de uma pessoa é diferente... você não pode tirar *isso* de alguém. Mas a gente *pode* superar o choque e o horror simplesmente não deixando que a nossa mente se *detenha* nisso o tempo todo.

Linda disse com rispidez:

– A senhorita não entende.

– Creio que eu entendo sim, minha querida.

Linda balançou a cabeça.

– Não, a senhorita não entende. A senhorita não entende nem um pouco... e Christine também não entende! Vocês duas foram ótimas comigo, mas vocês não podem entender o que eu estou sentindo. A senhorita simplesmente pensa que é mórbido... que eu fico pensando nisso tudo quando não preciso.

Ela fez uma pausa.

– Mas absolutamente não é isso. Se a senhorita soubesse o que eu sei...

Rosamund parou como uma estátua. Seu corpo não tremia – pelo contrário, ele se enrijeceu. Ela ficou imóvel por alguns instantes e então se soltou do braço de Linda.

Ela perguntou:

– O que é que você sabe, Linda?

A garota lhe dirigiu um olhar fixo. Então balançou a cabeça.

Ela resmungou:

– Nada.

Rosamund pegou-a pelo braço. O aperto doeu e Linda se contraiu ligeiramente.

Rosamund disse:

– Tenha cuidado, Linda. Tenha muitíssimo cuidado.

Linda tinha ficado branca como um fantasma.

Ela disse:

– Eu *tenho* muito cuidado... o tempo inteiro.

Rosamund insistiu:

– Ouça, Linda, o que eu disse um ou dois minutos atrás se aplica da mesma maneira... só que cem vezes mais. *Tire o negócio todo da sua cabeça.* Nunca pense a respeito disso. Esqueça, esqueça... Você vai conseguir, se você tentar! Arlena está morta e nada poderá trazê-la de volta... Esqueça tudo e viva no futuro. E, acima de tudo, *segure a sua língua.*

Linda se encolheu um pouco. Ela disse:

– A senhorita... a senhorita parece estar sabendo de tudo...

Rosamund falou de forma enérgica:

– Eu não sei de *nada*! Na minha opinião, um maníaco errante entrou na ilha e matou Arlena. Essa é, em grande medida, a solução mais provável. Tenho razoável certeza de que a polícia vai ter de aceitar isso no final. Isso é o que *deve* ter acontecido! Isso é o que *de fato* aconteceu!

Linda disse:

– Se o meu pai...

Rosamund a interrompeu:

– Nem fale sobre isso.

Linda disse:

– Eu preciso dizer uma coisa. A minha mãe...

– Sim, o quê?

– Ela... ela foi julgada por assassinato, não foi?

– Foi.

Linda falou lentamente:

– E depois o meu pai se casou com ela. Isso dá uma impressão, não é mesmo, de que o meu pai não achava realmente que o assassinato era algo muito errado... quer dizer, nem sempre.

Rosamund disse rispidamente:

– Não diga coisas como essa, nem mesmo para mim! A polícia não tem nada contra o seu pai. Ele tem um álibi... um álibi que eles não conseguem derrubar. Ele está totalmente a salvo.

Linda sussurrou:

– Eles pensaram a princípio que o meu pai...?

Rosamund exclamou:

– Eu não sei o que eles pensaram! Mas eles sabem, agora, *que ele não poderia ter feito isso.* Você entende? *Ele não poderia ter feito isso.*

Ela falava com autoridade, seus olhos ordenavam o assentimento de Linda. A garota emitiu um longo e tremulante suspiro.

Rosamund disse:

– Você poderá sair daqui muito em breve. Você vai esquecer tudo... tudo!

Linda retrucou com uma violência repentina e inesperada:

– *Eu nunca irei esquecer.*

Ela se virou de modo abrupto e correu de volta para o hotel. Rosamund ficou olhando a garota se afastar.

## III

– Existe algo que eu quero saber, madame...

Christine Redfern encarou Poirot de uma forma ligeiramente distraída. Ela falou:

– Pois não?

Hercule Poirot mal reparou na distração da senhora. Ele tinha notado a maneira com que os olhos dela seguiam a figura do marido por onde este andava, caminhando para lá e para cá no terraço do lado de fora do bar, mas de momento ele não tinha nenhum interesse por problemas puramente conjugais. Poirot queria informações.

Ele disse:

– Sim, madame. Foi uma frase... uma frase dita ao acaso pela senhora outro dia, algo que despertou a minha atenção.

Christine, seus olhos ainda fixos em Patrick, disse:

– Pois não? O que foi que eu disse?

– Foi a sua resposta para uma pergunta do chefe de polícia. A senhora descreveu como entrou no quarto da srta. Linda Marshall na manhã do crime, e como constatou a ausência dela, e como ela retornou para lá, e foi então que o chefe de polícia perguntou à senhora onde ela estivera.

Christine disse de um modo um tanto impaciente:

– E eu disse que ela tinha ido tomar um banho de mar? É isso?

– Ah, mas a senhora não disse exatamente isso. A senhora não disse que "ela tinha ido tomar um banho de mar". As suas palavras foram: "Ela disse que tinha ido tomar um banho de mar".

Christine disse:

– É a mesma coisa, com toda certeza.

– Não, não é a mesma coisa! A forma da sua resposta sugere uma certa atitude mental de sua parte. Linda Marshall entrou no quarto; ela estava usando um roupão de banho; e no entanto, por alguma razão, a senhora não concluiu de imediato que ela tinha ido tomar um banho. Isso fica demonstrado pelas suas palavras, "ela *disse* que tinha ido tomar um banho de mar". O que havia no aspecto dela que a levou a ficar surpresa quando ela disse que tinha ido tomar um banho de mar? Foram os modos dela, ou algo que ela estava usando, ou algo que ela disse?

As atenções de Christine abandonaram Patrick e se concentraram inteiramente em Poirot. Ela estava interessada. Ela disse:

– Isso é muito astuto de sua parte. É verdade mesmo, agora eu me lembro... Eu *fiquei* surpresa, muito de leve, quando Linda disse que tinha ido tomar um banho de mar.

– Mas por que, madame, por quê?

– Sim, por quê? Isso é justamente o que eu estou tentando lembrar. Ah, claro, acho que foi o embrulho na mão dela.

– Ela tinha um embrulho?

– Sim.

– A senhora não sabe o que havia nele?

– Ah, claro que eu sei. O barbante se arrebentou. Ele estava amarrado meio solto, do jeito que costumam fazer no vilarejo. Eram *velas*... elas ficaram espalhadas pelo chão. Eu ajudei Linda a recolhê-las.

– Ah – disse Poirot. – Velas.

Christine o encarou. Ela disse:

– O senhor parece estar animado, Monsieur Poirot.

Poirot perguntou:

– Linda chegou a dizer por que motivo ela tinha comprado velas?

Christine refletiu.

– Não, não creio que ela tenha dito. Suponho que fosse para ler à noite... talvez a luz elétrica não estivesse boa.

– Pelo contrário, madame, havia um abajur elétrico em perfeitas condições ao lado da cama.

Christine disse:

– Então eu não sei que uso ela queria dar para essas velas.

Poirot disse:

– Como foi que ela reagiu... quando o barbante se arrebentou e as velas caíram do embrulho?

Christine falou lentamente:

– Ela ficou... incomodada... embaraçada.

Poirot assentiu com a cabeça. Então perguntou:

– A senhora notou um calendário no quarto dela?

– Um calendário? Que tipo de calendário?

Poirot disse:

– Possivelmente um calendário verde... com folhas de arrancar.

Christine estreitou os olhos num esforço da memória.

– Um calendário verde... acho que um calendário verde-claro. Sim, eu vi um calendário como esse, mas não consigo lembrar onde. Pode ser que tenha sido no quarto de Linda, mas não posso afirmar com certeza.

– Mas a senhora definitivamente viu algo do tipo.

– Sim.

Poirot assentiu mais uma vez.

Christine disse, um tanto rispidamente:

– O que é que o senhor está querendo dar a entender, Monsieur Poirot? Qual é o significado disso tudo?

Como resposta Poirot lhe mostrou um pequeno volume encadernado em couro marrom desbotado. Ele disse:

– A senhora já tinha visto isto aqui?

– Ora... eu acho... não tenho certeza... sim, Linda estava folheando esse livro outro dia na biblioteca de empréstimo do vilarejo. Mas ela o fechou e o enfiou rapidamente de volta quando eu me aproximei dela. Fiquei imaginando o que seria.

Sem dizer nada, Poirot exibiu o título.

*Uma história da bruxaria, da feitiçaria e da composição de venenos indetectáveis.*

Christine disse:

– Eu não entendo. O que significa isso tudo?

Poirot disse com muita seriedade:

– Pode significar, madame, várias coisas.

Christine Redfern olhou para Poirot com uma expressão intrigada, mas ele não continuou. Em vez disso ele falou:

– Mais uma pergunta, madame: a senhora tomou um banho de banheira naquela manhã, antes de sair para jogar tênis?

Christine o encarou de novo.

– Um banho? Não. Eu não teria tido tempo e, de qualquer maneira, eu não precisava tomar banho... não antes do tênis. Eu poderia ter tomado um banho depois.

– A senhora chegou a usar o banheiro quando entrou?

– Lavei o rosto e as mãos, só isso.

– A senhora não utilizou a banheira em absoluto?

– Não, tenho certeza de que não utilizei.

Poirot assentiu. Ele disse:

– Não tem importância.

## IV

Hercule Poirot parou junto à mesa onde a sra. Gardener batalhava para montar um quebra-cabeça. Ela olhou para cima e deu um salto.

– Monsieur Poirot, o senhor se aproximou de mim no maior silêncio do mundo! Eu não ouvi nenhum ruído. O senhor acabou de voltar do inquérito? Só de pensar nesse inquérito, sabe, eu fico tão nervosa que não sei nem o que fazer. É por isso que estou fazendo este quebra-cabeça. Eu simplesmente senti que não conseguiria ficar sentada lá fora na praia como de costume. Como bem sabe o sr. Gardener, quando os meus nervos estão irritados não há nada melhor do que um quebra-cabeça desses para me acalmar. Vejamos, onde vai *poder* se encaixar esta peça branca? Deve fazer parte do tapete de pele, mas eu não consigo ver direito...

Com delicadeza, Poirot tirou a peça da mão dela. Ele disse:

– Ela se encaixa, madame, *aqui*. Faz parte do gato.

– Não pode ser. É um gato preto.

– Um gato preto, sim, mas veja, a ponta do rabo do gato preto é branca.

– Ora, é isso mesmo! Que astuto de sua parte! Mas eu acho de fato que as pessoas que fazem esses quebra-cabeças são meio perversas. Fazem os maiores esforços para enganar a gente.

Ela encaixou outra peça e então continuou:

– Sabe, Monsieur Poirot, eu andei observando o senhor nestes últimos dias. Eu só queria observá-lo fazendo o seu trabalho de detetive, se é que o senhor me entende... não que isso não soe um tanto desumano, dito assim, como se tudo não passasse de um jogo... e uma pobre criatura assassinada. Minha nossa, toda vez que *eu* penso no assunto fico toda arrepiada! Eu disse ao sr. Gardener hoje de manhã que eu simplesmente *precisava* sair o quanto antes daqui, e agora que o inquérito está terminado ele disse acreditar que teremos condições de sair amanhã, e isso é uma bênção, com toda certeza. Mas sobre o trabalho de detetive, sabe, eu gostaria tanto de conhecer os seus métodos... eu me sentiria privilegiada se o senhor simplesmente os *explicasse* para mim.

Hercule Poirot disse:

– É um pouco semelhante ao seu quebra-cabeça, madame. Vai-se juntando as peças. É como um mosaico... muitas cores e padrões... e cada pecinha de formato estranho precisa ser encaixada no lugar adequado.

– Mas isso é muito interessante! Ora, com toda certeza o senhor explica magnificamente.

Poirot prosseguiu:

– E às vezes é bem como essa peça que nós acabamos de encaixar no seu quebra-cabeça. Arranja-se metodicamente as peças do quebra-cabeça... diferenciando as cores... e aí talvez uma peça de determinada cor que deveria se encaixar, digamos, no tapete de pele, acaba se encaixando no rabo de um gato preto.

– Ora, isso me soa muitíssimo fascinante! E a quantidade de peças é muito grande, Monsieur Poirot?

– Sim, madame. Quase todas as pessoas neste hotel me deram uma peça para o meu quebra-cabeça. A senhora está entre elas.

– Eu? – o tom da sra. Gardener foi agudo.

– Sim, madame, uma observação da senhora foi extremamente útil. Posso até dizer que foi iluminadora.

– Ora, se isso não é muitíssimo adorável! O senhor não pode me contar um pouco mais, Monsieur Poirot?

– Ah! Madame, eu guardo as explanações para o último capítulo.

A sra. Gardener murmurou:

– Mas isso é simplesmente uma lástima!

## V

Hercule Poirot bateu gentilmente na porta do quarto do capitão Marshall. Do lado de dentro vinha o som de uma máquina de escrever.

Um sucinto "Entre" foi dito no quarto e Poirot entrou.

O capitão Marshall estava de costas para Poirot. Ele estava datilografando sentado a uma mesa entre as janelas. Não virou a cabeça, mas seus olhos encontraram os de Poirot no espelho que estava pendurado na parede diretamente diante dele. Ele disse com irritação:

– Pois bem, Monsieur Poirot, o que é desta vez?

Poirot disse rapidamente:

– Mil desculpas pela intromissão. O senhor está ocupado?

Marshall disse de modo lacônico:

– Bastante.

Poirot falou:

– É só uma pequena pergunta que eu gostaria de lhe fazer.

Marshall disse:

– Meu Deus, eu não aguento mais ficar respondendo perguntas. Já respondi as perguntas da polícia. Não me sinto obrigado a responder as suas.

Poirot disse:

– A minha é uma indagação bem simples. Apenas o seguinte. Na manhã da morte da sua esposa, o senhor por acaso tomou um banho de banheira depois de terminar de escrever e antes de sair para jogar tênis?

– Um banho? Não, é claro que eu não tomei! Eu tinha tomado um banho justamente uma hora antes!

Hercule Poirot disse:

– Muito obrigado. Isso é tudo.

– Mas ouça uma coisa. Ah... – o outro se interrompeu, irresoluto.

Poirot se retirou, delicadamente fechando a porta.

Kenneth Marshall disse:

– O sujeito é louco!

## VI

Bem na saída do bar, Poirot encontrou o sr. Gardener. Ele carregava dois coquetéis e estava claramente se encaminhando para o lugar onde a sra. Gardener se instalara com seu quebra-cabeça.

Ele sorriu para Poirot de maneira cordial.

– O senhor gostaria de se juntar a nós, Monsieur Poirot?

Poirot balançou a cabeça. Ele disse:

– O que achou do inquérito, sr. Gardener?

O sr. Gardener baixou a voz. Ele disse:

– Me pareceu um pouco indeterminado. A sua polícia, eu deduzo, tem alguma carta na manga.

– É possível – disse Hercule Poirot.

O sr. Gardener baixou a voz ainda mais.

– Eu vou ficar contente por levar a sra. Gardener embora. Ela é uma mulher muito, muito sensível, e esse caso lhe perturbou os nervos. Ela tem uma sensibilidade muitíssimo delicada.

Hercule Poirot disse:

– O senhor me permitiria lhe fazer uma pergunta?

– Ora, certamente, Monsieur Poirot. Ficarei encantado em ajudá-lo.

Hercule Poirot disse:

– O senhor é um homem vivido... um homem, eu acredito, de considerável discernimento. Qual era, francamente, a sua opinião sobre a falecida sra. Marshall?

As sobrancelhas do sr. Gardener se ergueram de surpresa. Ele olhou cautelosamente em volta e baixou a voz.

– Bem, Monsieur Poirot, eu ouvi algumas coisas que de certo modo andaram circulando por aí, se é que o senhor me entende, especialmente entre as mulheres.

Poirot assentiu.

– Mas já que o senhor me pergunta, vou lhe dar a minha sincera opinião: aquela mulher era antes de tudo uma completa idiota!

Hercule Poirot falou pensativamente:

– Mas isso é muito interessante.

## VII

Rosamund Darnley disse:

– Então é a minha vez, é isso?

– Perdão?

Ela riu.

– No outro dia o chefe de polícia instaurou a inquisição dele. O senhor ficou sentado ao lado. Hoje, eu acredito, o senhor vai conduzir o seu próprio inquérito extraoficial. Andei observando o senhor. Primeiro a sra. Redfern, depois eu vislumbrei o senhor pela janela do saguão onde a sra. Gardener fica fazendo seu detestável jogo de quebra-cabeça. Agora é a minha vez.

Hercule Poirot sentou-se ao lado dela. Os dois estavam em Sunny Ledge. Abaixo deles o mar revelava um verde de brilho profundo. Mais perto do horizonte ele assumia um deslumbrante azul-claro.

Poirot disse:

– Muito inteligente de sua parte, mademoiselle. Eu a considerei inteligente desde que cheguei aqui. Seria um prazer discutir esse assunto com a senhorita.

Rosamund Darnley disse suavemente:

– O senhor quer saber o que eu acho da coisa toda?

– Isso seria muitíssimo interessante.

Rosamund disse:

– Eu creio que é realmente muito simples. A pista está no passado da mulher.

– No passado? Não no presente?

– Ah! Não necessariamente num passado muito remoto. Eu encaro a questão da seguinte maneira. Arlena Marshall era atraente, exercia nos homens uma atração fatal. É possível, eu creio, que também se cansasse deles com bastante rapidez. Entre os... seguidores dela, digamos assim... houve um que se ressentiu disso. Ah, não me entenda mal, não vai ser alguém que se destaca na multidão. Provavelmente algum homenzinho sem graça, vaidoso e sensível... o tipo de homem que fica se angustiando. Eu acho que ele a seguiu até aqui, esperou por uma oportunidade e a matou.

– A senhorita quer dizer que era alguém de fora, que veio do continente?

– Sim. Ele provavelmente se escondeu naquela caverna até surgir uma chance.

Poirot balançou a cabeça. Ele disse:

– Ela iria se encaminhar até lá para encontrar um homem como esse que a senhorita descreveu? Não, ela daria risada e não iria.

Rosamund disse:

– Ela pode não ter tomado conhecimento de que estava indo ao encontro dele. Ele pode ter lhe mandado uma mensagem em nome de outra pessoa.

Poirot murmurou:

– Isso é possível.

Então ele disse:

– Mas a senhorita está se esquecendo de uma coisa. Um homem determinado a cometer um assassinato não poderia correr o risco de entrar em plena luz do dia pelo passadiço e atravessar o hotel. Alguém poderia tê-lo visto.

– Poderia... mas eu não acho que isso fosse inevitável. Acho que é bastante possível ele ter entrado sem que nenhuma pessoa o tivesse visto.

– Seria *possível*, sim, isso eu admito. Mas a questão é que ele não poderia *contar* com essa possibilidade.

Rosamund disse:

– O senhor não está se esquecendo de uma coisa? O clima.

– O clima?

– Sim. O dia do assassinato foi um dia glorioso, mas no dia anterior, lembre-se, houve chuva e névoa forte. Qualquer um poderia ter entrado na ilha, então, sem ser visto. Ele só precisaria descer até a praia e passar a noite na caverna. Aquela névoa, Monsieur Poirot, é importante.

Poirot olhou para ela pensativamente por alguns instantes. Ele disse:

– Muito bem, isso que a senhorita acabou de dizer não é de se jogar fora.

Rosamund corou. Ela disse:

– Essa é a minha teoria, se é que ela vale alguma coisa. Agora me conte qual é a sua.

– Ah – disse Hercule Poirot, olhando para o mar abaixo. – *Eh bien*, mademoiselle. Eu sou uma pessoa muito simples. Sempre fico inclinado a crer que a pessoa mais óbvia cometeu o crime. No primeiro minuto, pareceu-me que uma pessoa estava muito claramente indicada.

A voz de Rosamund se endureceu um pouco. Ela disse:

– Prossiga.

Hercule Poirot continuou:

– Mas veja bem, nós temos o que pode ser chamado de obstáculo no caminho! Ao que parece, teria sido *impossível* que essa pessoa tivesse cometido tal crime.

Ele ouviu a srta. Darnley bufar rapidamente. Ela disse de um modo quase ofegante:

– Pois bem?

Hercule Poirot encolheu os ombros.

– Pois bem, o que fazemos com relação a isso? Esse é o meu problema.

Ele fez uma pausa e depois prosseguiu:

– Posso lhe fazer uma pergunta?

– Certamente.

Ela o encarou, alerta e vigilante. Mas a pergunta que veio foi inesperada.

– Quando voltou ao hotel para trocar de roupa antes do tênis, naquela manhã, a senhorita tomou um banho?

Rosamund ficou olhando para ele.

– Um banho? O que é que o senhor quer dizer?

– Eu quero dizer isso mesmo: um banho! O receptáculo de porcelana, você abre as torneiras para enchê-lo, você entra, você sai e glub, glub, glub, a água desce pelo encanamento!

– Monsieur Poirot, o senhor está completamente louco...

– Não, estou em perfeitas condições mentais.

– Bem, de qualquer maneira eu *não* tomei um banho.

– Ha! – exclamou Poirot. – Então ninguém tomou banho. Isso é extremamente interessante.

– Mas por que razão alguém iria tomar um banho?

Hercule Poirot disse:

– De fato, por quê?

Rosamund retrucou com uma certa exasperação:

– Suponho que este seja o toque de Sherlock Holmes!

Hercule Poirot sorriu.

Então ele farejou o ar delicadamente.

– A senhorita me permitiria uma impertinência?

– Tenho certeza de que o senhor jamais seria impertinente, Monsieur Poirot.

– Isso é muito gentil de sua parte. Sendo assim, posso me aventurar a dizer que o perfume que a senhorita usa é delicioso... tem uma *nuance*... um charme delicado e elusivo.

Ele acenou as mãos e então acrescentou, com uma voz experiente:

– Gabrielle nº 8, eu acredito?

– O senhor é muito astuto. Sim, eu sempre uso esse perfume.

– Assim como a falecida sra. Marshall. Bastante chique, hein? E muito caro?

Rosamund encolheu os ombros com um leve sorriso.

Poirot disse:

– A senhorita estava sentada aqui onde nós estamos agora na manhã do crime. Foi vista aqui, mademoiselle, ou pelo menos a sua sombrinha foi vista pela srta. Brewster e pelo sr. Redfern enquanto eles passavam pelo mar. Durante a manhã, mademoiselle, a senhorita tem certeza de que não desceu até Pixy's Cove e entrou na caverna que ali existe, a famosa Pixy's Cave?

Rosamund virou a cabeça e o encarou.

Ela disse com uma voz tranquila e estável:

– O senhor está me perguntando se eu matei Arlena Marshall?

– Não, eu estou perguntando se a senhorita entrou em Pixy's Cave.

– Eu nem mesmo sei onde ela fica. Por que razão eu entraria nessa caverna? Que motivo eu teria para isso?

– No dia do crime, mademoiselle, alguém que usava Gabrielle nº 8 esteve naquela caverna.

Rosamund falou rispidamente:

– O senhor mesmo acabou de dizer, Monsieur Poirot, que Arlena Marshall usava Gabrielle nº 8. Ela estava nessa praia naquele dia. Presumivelmente ela entrou na caverna.

– Por que motivo ela iria querer entrar na caverna? O lugar é escuro e estreito e muito desconfortável.

Rosamund disse com impaciência:

– Não me peça para dar razões. Uma vez que Arlena estava efetivamente na enseada, ela só pode ser a pessoa mais óbvia. Eu já disse ao senhor que não saí aqui deste lugar durante a manhã toda.

– Com exceção do momento no qual a senhorita voltou ao hotel e entrou no quarto do capitão Marshall – Poirot lhe recordou.

– Sim, é claro. Eu tinha me esquecido disso.

Poirot disse:

– E a senhorita estava errada quando pensou que o capitão Marshall não a tinha visto.

Rosamund disse com incredulidade:

– Kenneth me viu mesmo? Ele... ele disse isso?

Poirot assentiu.

– Ele a viu, mademoiselle, no espelho que fica acima da mesa.

Rosamund prendeu a respiração. Ela disse:

– Ah! Entendi.

Poirot não estava mais olhando para o mar. Ele estava observando as mãos de Rosamund Darnley, que se mantinham pousadas e cruzadas no colo. Eram mãos de formato harmônico, lindamente modeladas com dedos muito compridos.

Rosamund, disparando um rápido olhar para Poirot, seguiu a direção dos olhos dele. Ela disse com rispidez:

– O senhor está olhando as minhas mãos para quê? O senhor acha... o senhor acha...

Poirot disse:

– Eu penso... o que, mademoiselle?

Rosamund Darnley falou:

– Nada.

## VIII

Foi talvez uma hora depois que Hercule Poirot chegou ao topo da trilha que levava para Gull Cove. Alguém estava sentado na praia. Uma figura delgada com camisa vermelha e calção azul-escuro.

Poirot desceu pela trilha, dando passos cuidadosos com seus elegantes e apertados sapatos.

Linda Marshall virou a cabeça num movimento abrupto. Poirot pensou que ela se encolhera um pouco.

Os olhos da garota, enquanto ele se aproximava e se sentava cautelosamente nos seixos ao lado dela, fixaram-se nele com a suspeita e a precaução de um animal encurralado. Poirot percebeu, com uma pontada de dor, o quanto ela era jovem e vulnerável.

Ela disse:

– O que é? O que o senhor quer?

Hercule Poirot não respondeu por alguns instantes. Então disse:

– No outro dia a senhorita falou para o chefe de polícia que gostava da sua madrasta e que ela era carinhosa com a senhorita.

– E daí?

– Isso não era verdade, mademoiselle, era?

– Sim, era.

Poirot disse:

– Ela pode não ter sido ativamente cruel com a senhorita... isso eu admito. Mas a senhorita não gostava dela... não, não... eu acredito que a senhorita detestava a sua madrasta. Qualquer um podia ver isso.

Linda disse:

– Talvez eu não gostasse dela tanto assim. Mas a gente não pode dizer uma coisa dessas quando uma pessoa está morta. Não seria decente.

Poirot suspirou. Ele disse:

– Ensinaram isso à senhorita na escola?

– Mais ou menos, eu acho.

Hercule Poirot disse:

– Quando uma pessoa foi assassinada, é mais importante falar a verdade do que ser decente.

Linda disse:

– Eu suponho que *o senhor* diria uma coisa dessas.

– Eu diria e de fato digo. O meu negócio, entenda, é descobrir quem matou Arlena Marshall.

Linda resmungou:

– Eu quero esquecer isso tudo. É tão horrível...

Poirot disse com suavidade:

– *Mas a senhorita não consegue esquecer, não é mesmo?*

Linda falou:

– Eu acho que algum louco monstruoso a matou.

Hercule Poirot murmurou:

– Não, não creio que tenha sido exatamente assim.

Linda prendeu a respiração. Ela disse:

– O senhor parece falar... como se *soubesse...*

Poirot disse:

– Talvez eu saiba mesmo. – Ele fez uma pausa e continuou: – Minha criança, você confiaria em mim se eu lhe dissesse que vou fazer o meu melhor para ajudá-la no seu amargo problema?

Linda se levantou num salto. Ela falou:

– Eu não tenho nenhum problema. Não há nada que o senhor possa fazer para me ajudar. Não sei do que é que o senhor está falando.

Poirot retrucou, observando-a:

– Eu estou falando sobre *velas...*

Ele viu o terror surgir de súbito nos olhos da garota. Ela exclamou:

– Não vou ouvir o senhor. Não vou ouvir.

Ela saiu correndo pela praia, veloz como uma jovem gazela, e subiu voando a trilha em zigue-zague.

Poirot balançou a cabeça. Ele parecia muito sério e perturbado.

# Capítulo XI

## I

O inspetor Colgate estava apresentando o seu relatório para o chefe de polícia.

– Descobri uma coisa, senhor, e é algo surpreendente. É sobre o dinheiro da sra. Marshall. Estive averiguando isso com os advogados dela. Eu diria que foi praticamente um choque para eles. Tenho provas da história da chantagem. O senhor lembra que ela tinha herdado cinquenta mil libras do velho Erskine? Pois bem, tudo que restou disso são mais ou menos quinze mil.

O chefe de polícia soltou um assobio.

– Puxa, e quem fim levou o resto?

– Esse é o ponto interessante, senhor. Ela vendia coisas de tempos em tempos, e todas as vezes fazendo as transações em dinheiro ou em títulos negociáveis... ou seja, ela entregava para alguém um dinheiro que não queria que pudesse ser rastreado. Chantagem, evidente.

O chefe de polícia concordou com a cabeça.

– Sem dúvida é o que parece. E o chantagista está aqui neste hotel. Isso significa que deve ser um desses três homens. Você conseguiu alguma coisa de novo a respeito de qualquer um deles?

– Não posso dizer que consegui qualquer coisa concreta, senhor. O major Barry é reformado do Exército, como ele afirma. Vive num pequeno apartamento, tem uma pensão e um pequeno rendimento com ações. *Mas* ele depositou algumas somas bastante consideráveis em sua conta no último ano.

– Isso parece promissor. Qual é a explicação dele?

– Diz que são ganhos de apostas. É realmente verdade que ele frequenta todas as grandes corridas. Além disso ele sempre faz as apostas na pista, não tem uma conta.

O chefe de polícia assentiu.

– Difícil desmentir isso – ele disse. – Mas é bastante sugestivo.

Colgate prosseguiu:

– A seguir o reverendo Stephen Lane. Esse é mais do que *genuíno*: teve um benefício eclesiástico em St. Helen's, Whiteridge, Surrey... renunciou ao benefício pouco mais de um ano atrás por causa de problemas de saúde. Seus problemas de saúde resultaram em sua internação numa casa de repouso para doentes mentais. Ele ficou internado por mais de um ano.

– Interessante – disse Weston.

– Sim, senhor. Eu tentei tirar o máximo que pude do doutor encarregado, mas o senhor sabe como são esses médicos... é difícil fazer com que esclareçam qualquer coisa que você consegue começar a entender. No entanto, até onde eu consegui deduzir, o problema de sua reverência era uma obsessão quanto ao diabo, especialmente o diabo disfarçado de mulher... a mulher escarlate... a prostituta da Babilônia.

– Hmm – disse Weston. – Temos precedentes para um assassinato aí.

– Sim, senhor. Me parece que Stephen Lane é no mínimo uma possibilidade. A falecida sra. Marshall era um ótimo exemplo daquilo que um clérigo chamaria de Mulher Escarlate... cabelo e condutas e tudo mais. Me parece não ser impossível que ele possa ter assumido como tarefa sua liquidar essa mulher. Isto é, se ele for realmente biruta.

– Nada que se encaixe com a teoria da chantagem?

– Não, senhor, eu acho que nós podemos riscá-lo nesse respeito. Ele dispõe de alguns meios próprios de renda, mas nada de muito significativo, e não houve nenhum crescimento súbito recentemente.

– E quanto à história dele sobre seus movimentos no dia do crime?

– Não consegui obter nenhuma confirmação. Ninguém se recorda de ter encontrado um pároco nas estradinhas. Quanto ao livro na igreja, o último registro é de três dias antes e ninguém tinha olhado o livro por quinze dias. Ele poderia bem facilmente ter passado lá no dia anterior, digamos, ou até mesmo alguns dias antes, e datado seu registro com o dia 25.

Weston assentiu. Ele disse:

– E o terceiro homem?

– Horace Blatt? Na minha opinião, senhor, aqui nós temos alguma coisa definitivamente duvidosa. Blatt paga imposto de renda sobre uma soma que excede de longe o que ele ganha com seu negócio de ferragens. E saiba que ele é um homem escorregadio. Provavelmente conseguiria inventar uma declaração razoável... ele joga um pouco na bolsa de valores, e já se meteu em um ou outro negócio escuso. Sim, claro, pode ser que existam explicações plausíveis, mas não há como escapar do fato de que ele vem ganhando somas enormes, já faz alguns anos, de fontes inexplicadas.

– Então – disse Weston – a ideia é que o sr. Horace Blatt é um bem-sucedido chantagista profissional?

– Ou é isso senhor, ou é droga. Eu falei com o inspetor-chefe Ridgeway, que é o encarregado do negócio das drogas, e ele foi veemente. Parece que uma boa quantidade de heroína tem entrado na região ultimamente. Eles estão em cima dos pequenos distribuidores, e sabem mais ou menos quem está tocando a coisa na outra ponta, mas é a maneira na qual a heroína está entrando no país que os deixa perplexos.

Weston disse:

– Se a morte dessa sra. Marshall é resultado de um envolvimento dela, inocentemente ou de outra forma, com esse negócio do tráfico, então seria melhor que nós entregássemos a coisa toda nas mãos da Scotland Yard. É da alçada deles. Hein? O que é que você me diz?

O inspetor Colgate falou com certo pesar:

– Receio que o senhor esteja certo. Se é tráfico, é um caso da Yard.

Depois de alguns momentos de reflexão, Weston disse:

– Essa realmente parece ser a explicação mais plausível.

Colgate assentiu com uma expressão sombria.

– Sim, parece. Marshall está totalmente fora... embora eu tenha conseguido obter uma informação que poderia ter sido útil se o álibi dele não fosse tão bom. Parece que a empresa dele está bem perto do precipício. Não por culpa dele ou do sócio, é só o resultado geral da crise do ano passado e do estado geral do comércio e das finanças. E aí, até onde o capitão Marshall sabia, ele teria colocado as mãos em cinquenta mil libras caso a esposa morresse. E cinquenta mil teria sido uma soma bastante útil.

Ele suspirou.

– É uma pena, quando um homem tem dois motivos perfeitamente bons para cometer um assassinato, que fique provado que ele não teve nada a ver com o caso!

Weston sorriu.

– Anime-se, Colgate. Ainda existe uma chance de que possamos nos distinguir. Temos a hipótese da chantagem ainda e temos o pároco biruta, mas, pessoalmente, acho que a hipótese da droga é de longe a mais plausível.

Ele acrescentou:

– E se foi alguém dessa gangue de traficantes quem acabou com ela, então nós teremos sido peça fundamental no auxílio à Scotland Yard para solucionar o problema da droga. Na verdade, levando tudo em conta, de um modo ou de outro, nós não nos saímos nada mal.

Um sorriso relutante apareceu no rosto de Colgate. Ele disse:

– Bem, isso é tudo, senhor. A propósito, eu chequei o autor daquela carta que nós encontramos no quarto dela. A carta com aquela assinatura J.N. Nada feito. Ele está na China mesmo. É o mesmo camarada do qual a srta. Brewster nos falou. Uma espécie de jovem vigarista. Eu chequei o resto dos amigos da sra. Marshall. Nenhuma pista nesse lado. Tudo aquilo que poderia ser averiguado nós averiguamos, senhor.

Weston disse:

– Então agora só depende de nós. – Ele fez uma pausa e a seguir acrescentou: – Você viu algum sinal do nosso colega belga? Ele está sabendo de tudo isso que você me contou?

Colgate falou com um sorriso forçado:

– Ele é um tipinho bem esquisito, não é? O senhor sabe o que ele veio me perguntar anteontem? Ele queria pormenores de quaisquer casos de estrangulamento nos últimos três anos.

O coronel Weston se endireitou no assento.

– Ele perguntou isso? Eu fico imaginando... – Weston se calou por um minuto. – Quando foi que você disse que o reverendo Stephen Lane entrou naquela casa para doentes mentais?

– Um ano atrás, na última Páscoa, senhor.

O coronel Weston estava raciocinando profundamente. Ele disse:

– Houve um caso... o corpo de uma jovem encontrado em algum lugar perto de Bagshot. Tinha ido encontrar o marido em algum lugar e não apareceu. E houve aquele caso que os jornais chamaram de Mistério do Matagal Solitário. Ambos em Surrey, se eu lembro corretamente.

Seus olhos toparam com os do inspetor. Colgate disse:

– Surrey? Palavra, senhor, isso se encaixa, não é mesmo? Será que...

## II

Hercule Poirot estava sentado na relva, no cume da ilha.

Um pouco à esquerda dele situava-se o primeiro degrau da escada de aço que descia até Pixy's Cove. Havia diversas pedras grandes e irregulares perto do início da escada, ele notou, oferecendo um fácil esconderijo para qualquer pessoa que pretendesse descer até a praia. Da praia em si muito pouco podia ser visto ali do alto, devido ao aspecto projetado do penhasco.

Hercule Poirot, seu rosto muito sério, assentiu com a cabeça.

As peças do quebra-cabeça estavam se encaixando em seus lugares.

Ele analisava mentalmente essas peças, considerando cada uma delas como um item em destaque.

Uma manhã na praia alguns dias antes da morte de Arlena Marshall.

Um, dois, três, quatro, cinco comentários isolados proferidos naquela manhã.

A noite de um jogo de bridge. Ele, Patrick Redfern e Rosamund Darnley tinham estado à mesa. Christine havia se afastado durante o morto e ouvira por acaso certa conversação. Quem mais estivera presente no saguão naquele momento? Quem estivera ausente?

A noite anterior ao crime. A conversa que ele tivera com Christine no rochedo e a cena que testemunhara em seu caminho de volta para o hotel.

Gabrielle nº 8.

Uma tesoura.

A haste quebrada de um cachimbo.

Um frasco atirado de uma janela.

Um calendário verde.

Um pacote com velas.

Um espelho e uma máquina de escrever.

Uma meada de lã magenta.

Um relógio de pulso de menina.

Água de banheira escorrendo pelo encanamento.

Cada um desses fatos não relacionados precisava se encaixar no lugar certo. Não poderiam restar pontas soltas.

E então, com cada um dos fatos concretos encaixado em sua posição, o avanço rumo ao próximo passo: a crença pessoal de Poirot quanto à presença do mal naquela ilha.

O mal...

Ele olhou para um papel datilografado em suas mãos.

*Nellie Parsons – encontrada estrangulada num matagal solitário perto de Chobham. Nenhuma pista quanto a seu assassino jamais descoberta.*

Nellie Parsons?

*Alice Corrigan.*

Ele leu com grande atenção os detalhes sobre a morte de Alice Corrigan.

### III

Na direção de Hercule Poirot, sentado no terraço que se abria diante do mar, vinha se aproximando o inspetor Colgate.

Poirot gostava do inspetor Colgate. Gostava do rosto austero, dos olhos astutos, dos modos lentos e sem pressa.

O inspetor Colgate sentou-se. Ele disse, observando as folhas datilografadas na mão de Poirot:

– Fez alguma coisa com esses casos, senhor?

– Estudei-os, sim.

Colgate se levantou, deu alguns passos e espiou o nicho seguinte. Ele voltou dizendo:

– Quanto mais cautela melhor. Não quero que acabem me ouvindo.

Poirot disse:

– Isso é sábio de sua parte.

Colgate falou:

– Não me importo de lhe dizer, Monsieur Poirot, que eu mesmo já me interessei por esses casos... muito embora, talvez, eu não teria pensado neles se o senhor não tivesse me perguntado a respeito. – Ele fez uma pausa. – Eu me interessei por um caso em particular.

– Alice Corrigan?

– Alice Corrigan. – Ele fez uma pausa. – Falei bastante com a polícia de Surrey sobre essa morte... eu queria examinar o caso por todos os ângulos.

– Fale mais, meu amigo. Fiquei interessado, muito interessado.

– Eu imaginei que o senhor poderia ficar. Alice Corrigan foi encontrada estrangulada em Caesar's Grove, em Blackridge Heath, a menos de quinze quilômetros de Marley Copse, onde Nellie Parsons foi encontrada... e ambos os lugares ficam a menos de vinte quilômetros de Whiteridge, onde o sr. Lane era vigário.

Poirot disse:

– Fale mais sobre a morte de Alice Corrigan.

Colgate disse:

– A polícia de Surrey não relacionou, num primeiro momento, a morte dela com a de Nellie Parsons. Isso ocorreu porque eles tinham apostado na culpa do marido. Não sei ao certo por quê. Talvez porque ele era um pouco aquilo que a imprensa chama de "homem misterioso"... não se sabe muito a respeito dele... quem ele era ou de onde veio. Ela tinha se casado com ele contrariando a vontade da própria família, ela tinha um pouco de dinheiro... e tinha feito um seguro de vida em favor do marido... Tudo isso era suficiente para levantar suspeita, o senhor não concorda?

Poirot assentiu.

– Mas quando a polícia chegou aos fatos essenciais o marido foi completamente riscado da lista. O corpo foi descoberto por uma dessas mulheres que fazem longas caminhadas... uma jovem robusta usando calção. Ela foi uma testemunha mais do que confiável e competente... professora de educação física em uma escola em Lancashire. Ela marcou a hora em que encontrou o corpo, exatamente 16h15, e declarou ser sua opinião que a mulher tinha morrido bem pouco tempo antes, não mais do que dez minutos. Isso ficou perfeitamente de acordo com o parecer do legista quando ele examinou o corpo às quinze para as seis. Ela não mexeu em nada e foi andando pelo campo até a delegacia de polícia de Bagshot, onde comunicou a morte. Pois bem: das 15h até as 16h10, Edward Corrigan estivera no trem voltando de Londres, para onde tinha ido a negócios naquele dia. Quatro outras pessoas estiveram com ele no vagão. Da estação ele pegou o ônibus local, com dois de seus companheiros de viagem seguindo nesse mesmo ônibus. Ele saltou na frente do Pine Ridge Café, onde combinara de encontrar a esposa para o chá. O horário, naquele momento, era 16h25. Ele pediu chá para os dois, mas solicitou que não o trouxessem até que ela chegasse. Então ficou andando para lá e para cá no lado de fora, esperando por ela. Às cinco horas ela não tinha aparecido ainda, e ele começou a ficar preocupado... achou que ela poderia ter torcido um tornozelo. O combinado era que ela iria atravessar a charneca, caminhando do vilarejo onde eles estavam até o Pine Ridge Café, e que dali iriam de ônibus para casa. Caesar's Grove não fica longe do café, e concluiu-se que, como a mulher tinha um bom tempo pela frente ainda, ela havia sentado no lugar para admirar a vista um pouco antes de continuar, e que algum vagabundo ou louco topara com ela por ali e a pegara de surpresa. Uma vez que ficou comprovado que o marido não tinha nenhum envolvimento, naturalmente eles relacionaram a morte dela com a de Nellie Parsons, aquela criadinha um tanto estouvada que encontraram estrangulada em Marley Copse. Eles decidiram que o mesmo homem era responsável por ambos os crimes, mas nunca o pegaram... e o que é pior, nunca chegaram perto de pegá-lo! Eles fracassaram em todas as etapas.

Ele fez uma pausa e depois disse, lentamente:

– E agora... eis aqui uma terceira mulher estrangulada... e no mesmo lugar um certo cavalheiro cujo nome não diremos.

Ele se calou.

Seus pequenos olhos astutos procuraram os de Poirot. Ele ficou aguardando por algo, esperançoso.

Os lábios de Poirot se mexeram. O inspetor Colgate se inclinou para a frente.

Poirot estava murmurando:

– ... tão difícil de saber quais peças fazem parte do tapete de pele e quais pertencem ao rabo do gato.

– *Perdão*, senhor? – disse o inspetor Colgate, sobressaltado.

Poirot falou rapidamente:

– Peço desculpas. Eu estava seguindo uma linha de raciocínio na minha cabeça.

– O que é essa história de tapete de pele e um gato?

– Nada... absolutamente nada. – Ele fez uma pausa. – Me diga, inspetor Colgate, se o senhor suspeitasse que alguém estava dizendo mentiras, muitas, muitas mentiras, mas não tivesse nenhuma prova, o que é que o senhor faria?

O inspetor Colgate ponderou.

– Difícil, isso. Mas a minha opinião é que, se alguém não parar de dizer mentiras, vai acabar tropeçando no final.

Poirot assentiu com a cabeça.

– Sim, isso é a mais pura verdade. Entenda, é somente na minha cabeça que certas declarações são mentiras. Eu *acho* que são mentiras, mas não posso *saber* que são mentiras. Mas nós poderíamos, talvez, fazer um teste... um teste em cima de uma mentira pequena e não muito perceptível. E se essa mentira ficasse provada como tal... ora, aí nós saberíamos que o resto todo é mentira também!

O inspetor Colgate olhou para ele com curiosidade.

– A sua mente funciona de uma maneira engraçada, não é mesmo, senhor? Mas eu me atrevo a dizer que tudo acaba dando certo no final. Se o senhor me permite a pergunta, o que foi que o levou a perguntar sobre casos de estrangulamento em geral?

Poirot respondeu devagar:

– Vocês têm uma palavra na sua língua: *ardiloso*. Esse crime me pareceu ser um crime muito ardiloso! Me fez ficar imaginando que não fosse, talvez, uma primeira tentativa.

O inspetor Colgate disse:

– Entendi.

Poirot prosseguiu:

– Eu disse a mim mesmo: examinemos crimes semelhantes ocorridos no passado e vejamos se existe um que se assemelhe bastante ao atual... *eh bien*, aí nós poderemos ganhar uma pista muito valiosa.

– O senhor se refere ao mesmo método de matar?

– Não, não, eu me refiro a mais do que isso. A morte de Nellie Parsons, por exemplo, não me diz nada. Mas a morte de Alice Corrigan... Diga-me, inspetor Colgate, o senhor não percebe uma notável similaridade com o crime atual?

O inspetor Colgate revolveu o problema em sua mente. Ele disse afinal:

– Não, senhor, não posso dizer que eu percebo, realmente. A não ser que seja o fato de que, em ambos os casos, o marido tem um álibi dos mais sólidos.

Poirot disse suavemente:

– Ah, então o senhor *de fato* percebeu isso?

## IV

– Olá, Poirot. Fico contente por vê-lo. Entre. Eu justamente precisava falar com o senhor.

Hercule Poirot aceitou o convite.

O chefe de polícia colocou sobre a mesa um maço de cigarros, tirou um para si e o acendeu. Em meio a baforadas ele falou:

– Eu me decidi, mais ou menos, por uma maneira de agir. Mas gostaria de ouvir a sua opinião antes de atuar decisivamente.

Hercule Poirot disse:

– Diga-me, meu amigo.

Weston falou:

– Eu decidi chamar a Scotland Yard e entregar o caso nas mãos deles. Na minha opinião, embora tenham surgido fundamentos para suspeita contra uma ou duas pessoas, o caso todo é voltado para o contrabando de drogas. Me parece claro que aquele lugar, Pixy's Cave, era um ponto de encontro estabelecido para o negócio.

Poirot assentiu com a cabeça.

– Eu concordo.

– Ótimo. E eu estou bastante seguro quanto à identidade do nosso contrabandista de drogas. Horace Blatt.

Mais uma vez Poirot assentiu. Ele disse:

– Os indícios também apontam para isso.

– Eu vejo que as nossas mentes trabalharam ambas da mesma maneira. Blatt costumava sair para velejar naquele barco dele. Às vezes convidava alguém para ir junto, mas na maior parte do tempo saía sozinho. Blatt tinha umas velas vermelhas um tanto conspícuas naquele barco, mas nós descobrimos que ele tinha também algumas velas brancas guardadas. Eu acho que num dia bom ele velejava para um local combinado e encontrava outro barco... um barco a vela ou um iate motorizado, algo do tipo... e a mercadoria era repassada. Então Blatt voava de volta para Pixy's Cove num horário conveniente do dia...

Hercule Poirot sorriu.

– Sim, sim, à uma e meia. A hora do almoço inglês, quando se pode ter bastante certeza de que todos estão na sala de jantar. A ilha é particular. Não é um lugar para onde forasteiros possam vir para fazer piqueniques. As pessoas às vezes levam seu chá do hotel para Pixy's Cove no período da tarde, quando há sol no lugar, ou então, se querem fazer um piquenique, vão para um lugar longínquo, a muitos quilômetros de distância.

O chefe de polícia assentiu.

– Exato – ele disse. – Por isso, Blatt desembarcava lá e guardava o produto naquela saliência na caverna. Outra pessoa ficava designada para pegar o material ali no devido tempo.

Poirot murmurou:

– Houve um casal que veio até a ilha para almoçar no dia do assassinato, o senhor se lembra? Essa seria uma maneira de pegar o produto. Veranistas de um hotel em Moor ou St. Loo aparecem para visitar Smugglers' Island. Eles dizem que querem almoçar. Eles dão uma volta pela ilha primeiro. É bem fácil descer até a praia, pegar a lata para sanduíches, colocá-la, sem dúvida, na sacola de praia que a madame carrega consigo e retornar para o almoço no hotel... um pouco tarde, talvez... digamos que às 13h50... e os visitantes tendo desfrutado de sua caminhada enquanto todos os outros encontravam-se na sala de jantar.

Weston disse:

– Sim, tudo isso me soa como bastante viável. Pois bem; essas organizações do tráfico são implacáveis. Se por acaso alguém lhes caísse no caminho sem querer e tomasse conhecimento das coisas, eles não hesitariam nem por um segundo em silenciar essa pessoa. Parece-me que essa é a explicação correta para a morte de Arlena Marshall. É possível que naquela manhã Blatt estivesse de fato na enseada, ocultando a droga. Seus cúmplices estavam designados para vir buscá-la naquele mesmo dia. Arlena chega com seu pedalinho e o vê entrando na caverna com a lata. Ela pergunta para Blatt o que é aquilo e ele a mata sem pensar duas vezes, e então dispara dali com a maior rapidez possível.

Poirot disse:

– O senhor acha que Blatt é definitivamente o assassino?

– Essa parece ser a solução mais provável. É claro que é possível que Arlena tenha descoberto a verdade antes disso, que tenha dito para Blatt algo a respeito, e que algum outro membro da gangue tenha forjado um encontro com ela e acabado com ela. Como eu disse, acho que a melhor atitude é entregar o caso nas mãos da Scotland Yard. Eles têm uma chance muito maior do que a nossa de provar a conexão de Blatt com a gangue.

Poirot concordou com a cabeça, pensativo.

Weston disse:

– O senhor não acha que esse é o procedimento mais sensato?

Poirot estava pensativo. Ele disse afinal:

– Pode ser que seja.

– Que diabo, Monsieur Poirot, o senhor tem algum trunfo na manga, não tem?

Poirot disse com ar sério:

– Se eu tenho, não estou certo de que consiga prová-lo.

Weston disse:

– É claro, eu sei que o senhor e Colgate têm outras ideias. Me parece um pouco fantástico, mas fico inclinado a admitir que pode haver algo aí. No entanto, mesmo que vocês estejam certos, ainda assim eu acredito que é um caso para a Yard. O que eu sinto é que não é realmente um caso para nós. Não é suficientemente local.

Ele fez uma pausa.

– O que o senhor acha, Monsieur Poirot? Que medida, no seu entender, nós deveríamos tomar?

Poirot parecia estar perdido em pensamento. Por fim ele disse:

– Eu sei o que eu gostaria de fazer.

– Diga, homem.

Poirot murmurou:

– Eu gostaria de sair para um piquenique.

O coronel Weston ficou olhando para ele.

# Capítulo XII

## I

– Um piquenique, Monsieur Poirot?

Emily Brewster o encarou como se ele tivesse perdido o juízo.

Poirot falou simpaticamente:

– Isso lhe soa como um grande disparate, não é mesmo? Mas essa me parece, sem dúvida, uma ideia admirável. Nós estamos precisando de algo do cotidiano, do habitual, para restaurar o curso normal da vida. Estou muitíssimo ansioso para ver algo de Dartmoor, o tempo está ótimo. Isso vai... como posso dizer... isso vai animar todo mundo! Então me ajude nessa questão. Convença todo mundo.

A ideia obteve um sucesso inesperado. Todos ficaram receosos num primeiro momento e depois admitiram, a contragosto, que aquela poderia não ser uma ideia tão ruim, afinal de contas.

Não foi sugerido que o capitão Marshall pudesse ser convidado. Ele mesmo anunciara que precisava ir para Plymouth naquele dia. O sr. Blatt tomou parte no grupo com grande entusiasmo. Ele estava determinado a injetar animação no passeio. Além dele, integravam o grupo Emily Brewster, os Redfern, Stephen Lane, os Gardener, que foram convencidos a postergar sua partida em um dia, Rosamund Darnley e Linda.

Poirot tinha sido eloquente com Rosamund e insistira em como seria bom para Linda essa possibilidade de arejar um pouco a cabeça. Com isso Rosamund concordou. Ela disse:

– O senhor está coberto de razão. O choque foi muito forte para uma menina dessa idade. Isso a deixou com os nervos à flor da pele.

– Isso é mais do que natural, mademoiselle. Mas nessa idade a pessoa logo esquece. Convença a garota a vir. A senhorita consegue, eu sei.

O major Barry recusara com firmeza. Ele disse que não gostava de piqueniques.

– Cestas demais para carregar – ele falou. – E um desconforto dos infernos. Comer a minha comida sentado a uma mesa está mais do que bom para mim.

O grupo se reuniu às dez horas. Três carros tinham sido solicitados. O sr. Blatt se mostrava espalhafatoso e animado, imitando um guia turístico.

– Por aqui, damas e cavalheiros... este é o caminho para Dartmoor. Urzes e mirtilos, creme de Devonshire e presidiários. Tragam as suas esposas, cavalheiros, ou tragam a outra categoria! Todos serão bem-vindos! Prometo paisagens maravilhosas. Vamos andando. Vamos andando.

Rosamund Darnley desceu no último minuto, parecendo preocupada. Ela disse:

– Linda não vem. Ela disse que está com uma dor de cabeça terrível.

Poirot exclamou:

– Mas ela vai se sentir melhor nos acompanhando. Tente convencê-la, mademoiselle.

Rosamund disse com firmeza:

– Não adianta. Ela está absolutamente determinada. Eu lhe dei aspirina e ela foi se deitar.

Ela hesitou e disse:

– Acho que talvez eu acabe ficando também.

– Não posso permitir isso, minha querida, não posso permitir isso – exclamou o sr. Blatt, pegando-a pelo braço em tom de brincadeira. – *La haute mode* tem de abrilhantar a ocasião. Nada de recusas! A senhorita está sob a minha custódia, ha, ha. Condenada a Dartmoor.

Ele a conduziu com firmeza para o primeiro carro. Rosamund lançou um olhar sombrio para Hercule Poirot.

– Eu fico com Linda – disse Christine Redfern. – Não me importo nem um pouco.

Patrick falou:

– Ah, vamos lá, Christine.

E Poirot falou:

– Não, não, madame, a sua presença é indispensável. Com uma dor de cabeça, será melhor ela ficar sozinha. Venha, vamos lá.

Os três carros partiram. Eles foram primeiro até a verdadeira Pixy's Cave em Sheepstor e se divertiram bastante procurando pela entrada e por fim encontrando-a, auxiliados por um cartão-postal.

Era um tanto arriscado passar pelas rochas, e Hercule Poirot não quis tentar. Ele ficou olhando de modo indulgente enquanto Christine Redfern saltava graciosamente de pedra em pedra e observou que o marido nunca ficava muito distante dela. Rosamund Darnley e Emily Brewster haviam tomado parte na busca, embora esta última tenha escorregado a certa altura, sofrendo uma leve torção no tornozelo. Stephen Lane se mostrou incansável, seu corpo longo e esguio se virando e se retorcendo entre as rochas. O sr. Blatt se contentou em avançar por um pequeno trecho e ficar gritando palavras de incentivo, além de tirar fotografias dos pesquisadores.

Os Gardener e Poirot permaneceram serenamente sentados na beira do caminho enquanto a voz da sra. Gardener se elevava num agradável monólogo de tom constante, pontuado aqui e ali pelos obedientes "Sim, querida" do esposo.

– ...E o que eu sempre achei, Monsieur Poirot, e o sr. Gardener concorda comigo, é que ficar tirando fotos instantâneas pode ser muito irritante. Isto é, a menos que as fotos sejam tiradas entre amigos. Esse sr. Blatt simplesmente não tem nenhuma sensibilidade. Ele simplesmente chega na frente de todo mundo e fica falando e sai tirando fotos e, como eu disse ao sr. Gardener, isso é realmente muito mal-educado. Isso foi o que eu disse, Odell, não foi?

– Sim, querida.

– Aquele retrato em grupo que ele tirou de nós todos sentados na praia. Bem, isso é muito bonito e tudo, mas ele deveria ter perguntado antes. Do jeito que foi, a srta. Brewster estava justamente se levantando do chão, e assim ela com certeza ficou numa posição um tanto peculiar.

– Eu diria que sim – falou o sr. Gardener, arreganhando os dentes.

– E lá foi o sr. Blatt distribuindo cópias para todo mundo sem sequer perguntar antes. Ele deu uma para o senhor, Monsieur Poirot, eu percebi.

Poirot assentiu com a cabeça. Ele disse:

– Eu dou muito valor a essa foto do grupo.

A sra. Gardener prosseguiu:

– E veja só o comportamento dele hoje... tão espalhafatoso e barulhento e vulgar. Ora, isso simplesmente me faz estremecer. O senhor deveria ter providenciado para deixar esse homem em casa, Monsieur Poirot.

Hercule Poirot murmurou:

– Ai de mim, madame, isso teria sido difícil.

– Acho que teria sido mesmo. Aquele homem simplesmente fica se intrometendo em todas as situações. Ele simplesmente não tem nem um pingo de sensibilidade.

Nesse momento a descoberta de Pixy's Cave foi saudada com gritos altos vindos de baixo.

O grupo então seguiu em frente nos carros, sob as orientações de Hercule Poirot, até um ponto onde uma rápida caminhada por uma encosta de urzes os levou a um local encantador na margem de um pequeno rio.

Uma estreita ponte de tábua cruzava o rio e Poirot e o marido da sra. Gardener a induziram a cruzá-la para onde um ponto encantador coberto de urzes, livre de tojos espinhosos, parecia oferecer um lugar ideal para um piquenique.

Falando sem parar sobre suas sensações quando da travessia de uma ponte de tábua, a sra. Gardener sentou-se no chão. De repente ouviu-se um ligeiro grito.

Os outros haviam atravessado a ponte com tranquila destreza, mas Emily Brewster estava parada no meio da ponte, seus olhos fechados, oscilando para lá e para cá.

Poirot e Patrick Redfern correram em socorro da senhora.

Emily Brewster falou com rispidez e vergonha:

– Obrigada, obrigada. Sinto muito. Nunca fui muito boa em atravessar um rio em movimento. Fico tonta. Coisa muito estúpida.

O lanche foi disposto e o piquenique começou.

Todas as pessoas envolvidas ficaram secretamente surpresas ao constatar o quanto estavam gostando do interlúdio. Isso ocorria porque o passeio lhes proporcionava uma fuga daquela atmosfera de suspeita e temor. Ali, com o murmurejar da água, com o suave cheiro de turfa no ar e a vibrante coloração de samambaias e urzes, o mundo do assassinato e das investigações policiais e da suspeita parecia ter sido apagado, como se nunca tivesse existido. Até o sr. Blatt esqueceu-se de ser o responsável por injetar animação no grupo. Depois da refeição ele foi dormir a certa distância de todos, e os seus brandos roncos comprovavam sua bem-aventurada inconsciência.

Um grupo bastante agradecido de pessoas arrumou as cestas de piquenique e congratulou Hercule Poirot por sua boa ideia.

O sol ia sumindo enquanto eles retornavam pelas estradinhas estreitas e serpenteantes. No topo da colina por sobre Leathercombe Bay eles obtiveram um breve vislumbre da ilha e de seu hotel branco.

A ilha transmitia uma impressão pacífica e inocente sob o pôr do sol.

A sra. Gardener, abandonando naquele momento a sua loquacidade, suspirou e disse:

– Eu lhe dou os meus sinceros agradecimentos, Monsieur Poirot. Eu me sinto tão calma. É simplesmente maravilhoso.

## II

O major Barry veio recebê-los na chegada.

– Olá – ele disse. – Tiveram um bom dia?

A sra. Gardener disse:

– Tivemos sim. As charnecas estavam simplesmente adoráveis. Algo tão inglês, tão velho mundo... E o ar delicioso e revigorante. O senhor deveria ficar envergonhado por ser tão preguiçoso e permanecer no hotel.

O major soltou uma risada.

– Eu estou velho demais para esse tipo de coisa... sentar num brejo para comer sanduíches.

Uma camareira tinha saído do hotel. Estava um pouco ofegante. Ela hesitou por um momento e então se dirigiu rapidamente até Christine Redfern.

Hercule Poirot a reconheceu como Gladys Narracott. A voz dela saiu acelerada e desigual:

– Peço perdão, minha senhora, mas estou preocupada com a garota. Com a srta. Marshall. Eu acabei de levar um pouco de chá para ela e não consegui fazer com que acordasse, e ela parece tão... tão esquisita, de certo modo...

Christine olhou em volta, desesperada. Poirot veio até ela num instante. Com uma mão sob o cotovelo dela, ele disse tranquilamente:

– Nós vamos subir para ver.

Eles subiram as escadas e cruzaram o corredor o mais depressa possível até o quarto de Linda.

Um rápido olhar na garota foi suficiente para mostrar aos dois que algo estava muito errado. Ela exibia uma cor estranha e sua respiração mal era perceptível.

A mão de Poirot tocou seu pulso. Ao mesmo tempo ele notou um envelope preso no abajur da mesa de cabeceira. O envelope era endereçado ao próprio Poirot.

O capitão Marshall entrou rapidamente no quarto. Ele disse:

– O que houve com Linda? Qual é o problema com ela?

Christine Redfern deixou escapar um breve soluço assustado.

Hercule Poirot se afastou da cama. Ele disse para Marshall:

– Chame um médico, o mais depressa que o senhor puder. Mas eu receio... receio muitíssimo... que possa ser tarde demais.

Ele pegou a carta com seu nome e rasgou o envelope. Dentro havia algumas linhas escritas na empertigada caligrafia colegial de Linda.

*Eu acho que essa é a melhor saída. Peça ao meu pai que tente me perdoar. Eu matei Arlena. Achei que eu ficaria contente... mas não fiquei. Eu sinto muito por tudo.*

## III

Eles estavam reunidos no saguão – Marshall, os Redfern, Rosamund Darnley e Hercule Poirot.

Estavam sentados em silêncio – esperando...

A porta se abriu e o dr. Neasdon entrou. Ele disse laconicamente:

– Fiz tudo aquilo que eu podia. Pode ser que ela sobreviva... Mas sou obrigado a lhes dizer que não há muita esperança.

Ele fez uma pausa. Marshall, seu rosto enrijecido, seus olhos um azul frio e glacial, perguntou:

– Como foi que ela obteve o produto?

Neasdon abriu a porta de novo e fez um sinal.

A camareira entrou no recinto. Ela estivera chorando.

Neasdon falou:

– Nos conte de novo, por favor, o que a senhorita viu.

Fungando, a moça disse:

– Eu não cheguei a pensar... eu não cheguei a pensar nem por um segundo que houvesse qualquer coisa errada... ainda que a menina parecesse de fato agir de um modo muito estranho.

Um ligeiro gesto de impaciência do médico a fez retomar a fala:

– Ela estava no quarto da outra senhora. Da sra. Redfern. O seu quarto, minha senhora. Estava no lavatório, e pegou um frasco pequeno. Ela deu mais ou menos um pulo quando eu entrei, e eu pensei que era muito esquisito ela estar pegando coisas no quarto da senhora, só que eu também pensei, é claro, que poderia ser alguma coisa que ela tivesse emprestado para a senhora. Ela só disse "Ah, isso é o que eu estava procurando...", e saiu.

Quase num sussurro, Christine falou:

– Os meus comprimidos para dormir...

O médico disse bruscamente:

– Como é que ela sabia dos comprimidos?

Christine falou:

– Eu dei um para ela. Na noite após o crime. Ela me disse que não conseguia dormir. Ela... eu me lembro dela dizendo "Será que um vai ser suficiente?", e eu disse

"Claro", eu disse que eles eram muito fortes, que eu tinha sido advertida de que nunca deveria tomar mais do que dois.

Neasdon assentiu.

– Ela quis ter certeza – ele disse. – Tomou seis.

Christine soluçou de novo.

– Eu sinto que a culpa é minha... Eu devia ter guardado os comprimidos num lugar seguro.

O médico encolheu os ombros.

– Teria sido mais sensato, sra. Redfern.

Christine disse com desespero:

– Ela está morrendo... e a culpa é minha...

Kenneth Marshall se agitou em sua cadeira. Ele disse:

– Não, a senhorita não pode se culpar. Linda sabia o que estava fazendo. Ela tomou os comprimidos deliberadamente. Talvez... talvez tenha sido melhor assim.

Ele olhou para o bilhete amarrotado em suas mãos – o bilhete que Poirot lhe entregara sem dizer nada.

Rosamund Darnley exclamou:

– Eu não acredito. Não acredito que Linda tenha matado Arlena. Sem dúvida isso é impossível... segundo as evidências!

Christine disse avidamente:

– Sim, ela *não pode* ter feito isso! Ela deve ter ficado extenuada e imaginou tudo!

A porta se abriu e o coronel Weston entrou. Ele disse:

– O que é isso que eu estou ouvindo?

O dr. Neasdon pegou o bilhete das mãos de Marshall e o entregou ao chefe de polícia. Este último leu a mensagem. Ele exclamou de maneira incrédula:

– O quê!? Mas isso é um disparate... um absoluto disparate! É impossível.

Ele repetiu em tom confiante:

– Impossível! Não é, Poirot?

Hercule Poirot se moveu pela primeira vez. Ele disse com uma voz arrastada e triste:

– Não, eu receio que não seja impossível.

Christine Redfern disse:

– Mas eu estava com ela, Monsieur Poirot. Eu fiquei com Linda até quinze para o meio-dia. Eu contei isso à polícia.

Poirot falou:

– O seu depoimento forneceu para ela um álibi, sim. Mas o seu depoimento foi baseado no quê? Foi baseado no *relógio de pulso da própria Linda Marshall.* A senhora não sabe *por conhecimento próprio* que eram quinze para o meio-dia quando a senhora se separou dela; sabe apenas que ela lhe disse isso. A senhora mesma falou que o tempo parecia ter passado muito rápido.

Ela ficou olhando para Poirot, pasmada.

Ele disse:

– Agora pense, madame: quando se afastou da praia, a senhora caminhou de volta para o hotel depressa ou devagar?

– Eu... bem, um tanto devagar, eu acho.

– A senhora se lembra de alguma coisa dessa caminhada de retorno?

– Não de muita coisa, eu receio. Eu... eu estava pensando.

Poirot disse:

– Sinto muito por lhe pedir isso, mas a senhora poderia revelar quais eram exatamente os seus pensamentos durante aquela caminhada?

Christine corou.

– Eu acho que... se isso é necessário... Eu estava considerando a possibilidade de... de ir embora daqui. Simplesmente ir embora sem contar ao meu marido. Eu... eu estava muito infeliz naquele momento, entenda.

Patrick Redfern exclamou:

– Ah, Christine! Eu sei... eu sei...

A voz precisa de Poirot interveio.

– Exatamente. A senhora estava cogitando tomar uma decisão de certa importância. A senhora estava, eu diria, surda e cega em relação ao ambiente que a cercava. A senhora provavelmente caminhou muito devagar e ocasionalmente parou por alguns minutos enquanto ia resolvendo as coisas.

Christine assentiu com a cabeça.

– Isso é muito astuto de sua parte. Foi exatamente assim. Eu despertei de uma espécie de sonho bem na frente do hotel e entrei às pressas, achando que eu decerto estava muito atrasada, mas quando vi o relógio no saguão eu percebi que tinha tempo de sobra.

Poirot disse outra vez:

– Exatamente.

Ele se virou para Marshall.

– Devo agora descrever para o senhor certas coisas que encontrei no quarto da sua filha após o assassinato. Na lareira havia uma grande gota de cera derretida, um pouco de cabelo queimado, fragmentos de papel e cartolina e um alfinete caseiro comum. O papel e a cartolina poderiam não ser relevantes, mas as outras três coisas eram sugestivas... particularmente quando eu encontrei, escondido na estante, um volume da biblioteca local tratando de bruxaria e mágica. O livro se abria muito facilmente numa determinada página. Naquela página estavam descritos vários métodos de provocar uma morte moldando em cera uma figura que deveria representar a vítima. Essa figura era então lentamente torrada até derreter... ou então, como alternativa, você estocava essa figura de cera no coração com um alfinete. A morte da vítima viria em seguida. Mais tarde ouvi da sra. Redfern que Linda Marshall tinha saído cedo naquela manhã e que tinha comprado um pacote de velas, e que ela parecera ficar embaraçada quando sua compra foi revelada. Não tive nenhuma dúvida sobre o que acontecera depois disso. Linda fizera uma figura grosseira com a cera da vela... possivelmente adornando-a com um retalho do cabelo ruivo de Arlena para conferir à mágica mais força... então golpeara essa figura no coração com um alfinete e afinal a derretera colocando fogo em tiras de cartolina embaixo dela. Isso foi grosseiro, infantil, supersticioso, mas revelou uma coisa: o desejo de matar. Havia qualquer possibilidade de que tivesse existido mais do que um desejo? Poderia Linda Marshall ter *realmente* matado sua madrasta? À primeira vista, a impressão era de que ela tinha um álibi perfeito... mas na verdade, como eu acabei de salientar, a evidência do horário foi fornecida *pela própria Linda.* Ela poderia ter declarado facilmente que o relógio marcava um horário adiantado em quinze minutos em relação ao horário verdadeiro. Era bem possível que, uma vez que a sra. Redfern tivesse saído da praia, Linda tivesse subido atrás dela para então desviar pela estreita faixa de terra que leva até a escada, descer essa escada com rapidez, encontrar ali sua madrasta, estrangulá-la e subir de novo antes que o barco trazendo a srta. Brewster e Patrick Redfern surgisse à vista. Ela poderia então retornar a Gull Cove, tomar seu banho de mar e retornar ao hotel quando bem quisesse. Mas isso implicava duas coisas. Ela precisava saber que Arlena Marshall estaria em Pixy Cove e ser fisicamente capaz de cometer o ato. Bem, o primeiro requisito era bastante possível... se Linda Marshall tivesse escrito um bilhete para a própria Arlena em nome de outra pessoa. Quanto à segunda, Linda tem mãos muito grandes e fortes. São tão grandes quanto as mãos de um homem. Quanto à força, ela está numa idade na qual todos ficamos propensos a um desequilíbrio mental. O transtorno mental é muitas vezes acompanhado por uma força incomum. Havia um outro pequeno ponto. A mãe de

Linda Marshall de fato já tinha sido acusada e julgada por assassinato.

Kenneth Marshall levantou a cabeça. Ele disse com ferocidade:

– Mas ela foi inocentada.

– Ela foi inocentada – Poirot concordou.

Marshall falou:

– E eu vou lhe dizer uma coisa, Monsieur Poirot. Ruth, a minha esposa, era inocente. Isso eu sei com a mais completa e absoluta certeza. Na intimidade da nossa vida eu não poderia ter sido enganado. Ela foi uma vítima inocente das circunstâncias.

Ele fez uma pausa.

– E eu não acredito que Linda tenha matado Arlena. É ridículo... absurdo!

Poirot disse:

– O senhor acredita que essa carta, então, é uma falsificação?

Marshall estendeu a mão para pegá-la e Weston a entregou para ele. Marshall examinou-a com grande atenção. Então ele balançou a cabeça.

– Não – ele disse a contragosto. – Eu acredito que Linda escreveu este bilhete.

Poirot disse:

– Então, se ela o escreveu, só existem duas explicações. Ou ela o escreveu de completa boa-fé, ciente de que ela mesma era a assassina... ou então, digo eu, *ela o escreveu deliberadamente para proteger outra pessoa*, alguém que, nos temores dela, pudesse estar despertando suspeita.

Kenneth Marshall disse:

– O senhor está se referindo a mim?

– É possível, não é?

Marshall refletiu por alguns instantes e então disse com tranquilidade:

– Não, eu acho que essa ideia é absurda. Linda pode ter se apercebido de que eu era considerado suspeito num primeiro momento. Mas definitivamente sabia, agora, que isso estava mais do que superado, que a polícia tinha aceitado o meu álibi e tinha voltado suas atenções para outro lado.

Poirot disse:

– E supondo-se que não era exatamente que ela considerasse o senhor como alguém suspeito, mas que ela *soubesse* que o senhor era culpado?

Marshall encarou Poirot. Ele deu uma curta risada.

– Isso é absurdo.

Poirot disse:

– Vejamos... Existem, perceba, diversas possibilidades quanto à morte da sra. Marshall. Existe a teoria de que ela estava sendo chantageada, de que ela saiu naquela manhã para encontrar o chantagista e de que o chantagista matou-a. Existe a teoria de que Pixy Cove e sua caverna estavam sendo usadas como ponto de entrada para drogas, e de que ela foi morta porque acidentalmente descobriu alguma coisa em torno disso. Existe uma terceira possibilidade: a hipótese de que ela foi morta por um fanático religioso. E há uma quarta possibilidade: o senhor haveria de ganhar um monte de dinheiro com a morte da sua esposa, certo, capitão Marshall?

– Eu acabei de lhe dizer...

– Sim, sim... eu concordo que é impossível que o senhor pudesse ter matado a sua esposa... *se o senhor estivesse agindo sozinho*. Mas supondo-se que alguém o tenha ajudado?

– Que diabos o senhor está querendo dizer?

O homem tranquilo se agitou afinal. Ele fez menção de se levantar da cadeira. Sua voz era ameaçadora. Havia uma luz escura e raivosa em seu olhar.

Poirot disse:

– Eu estou querendo dizer que este não é um crime que tenha sido cometido por uma única pessoa. Duas pessoas estiveram envolvidas nele. É bem verdade que o senhor não poderia ter datilografado aquela carta e ido ao mesmo tempo até a enseada... mas teria havido tempo para que o senhor rascunhasse essa carta com rapidez estenográfica... e para que *outra pessoa* a datilografasse no seu quarto enquanto o senhor estivesse ausente na sua missão assassina.

Hercule Poirot olhou para Rosamund Darnley. Ele disse:

– A srta. Darnley afirma que saiu de Sunny Ledge às 11h10 e que o viu datilografando no seu quarto. Mas justamente nessa altura o sr. Gardener subiu até o hotel para pegar uma meada de lã para sua esposa. Ele não encontrou ou viu a srta. Darnley. Isso é bastante notável. Segundo todas as aparências, é como se a srta. Darnley não tivesse chegado a sair de Sunny Ledge, ou então como se tivesse saído muito antes e tivesse ficado no seu quarto, datilografando industriosamente. Outro detalhe: o senhor declarou que, quando a srta. Darnley deu uma espiada no seu quarto, às onze e quinze, *o senhor a viu no espelho.* Mas no dia do assassinato a sua máquina de escrever e os seus papéis estavam todos na escrivaninha no canto do quarto, ao passo que o espelho estava situado entre as janelas. Portanto essa declaração foi uma deliberada mentira. Mais adiante o senhor transferiu a sua máquina de escrever para a mesa embaixo do espelho, de modo a substanciar a sua história... mas era tarde demais. Eu já percebera que o senhor e a srta. Darnley haviam mentido.

Rosamund Darnley se manifestou. Sua voz era baixa e clara.

Ela disse:

– Isso é tão diabolicamente engenhoso de sua parte!

Hercule Poirot falou, erguendo a voz:

– Mas não tão diabólico ou tão engenhoso quanto o homem que matou Arlena Marshall! Pensem por um momento em retrospecto. Quem é que eu pensava, quem é que todo mundo pensava, que Arlena Marshall partira para encontrar naquela manhã? Todos nós chegamos de imediato à mesma conclusão: *Patrick Redfern.* Não foi para encontrar um chantagista que ela partiu. A expressão do rosto dela, somente, já teria revelado a mim essa circunstância. Não, ela estava indo ao encontro de um amante... ou pensava que o encontraria. Sim, eu estava bastante seguro quanto a isso. Arlena Marshall saíra para encontrar Patrick Redfern. Um minuto depois, no entanto, Patrick Redfern apareceu na praia e ficou obviamente procurando por ela. E agora?

Patrick Redfern disse com uma raiva reprimida:

– Algum desgraçado usou o meu nome.

Poirot disse:

– O senhor estava muito obviamente aborrecido e surpreso pelo não aparecimento dela. Quase obviamente demais, talvez. A *minha* teoria, sr. Redfern, sustenta que ela foi até Pixy Cove para encontrar *o senhor*, e que ela *de fato* encontrou o senhor, e que *o senhor a matou no local como planejara fazer.*

Patrick Redfern ficou olhando para Poirot. Ele disse com sua voz irlandesa bem-humorada e alta:

– O senhor ficou maluco, é isso? Eu fiquei na praia com o senhor até sair no barco com a srta. Brewster e encontrar Arlena morta.

Hercule Poirot disse:

– O senhor a matou depois que a srta. Brewster partiu no barco para chamar a polícia. Arlena Marshall não estava morta quando o senhor chegou à praia. Ela estava esperando, escondida na caverna, até que não restasse ninguém por perto.

– Mas o corpo! A srta. Brewster viu o corpo assim como eu!

– *Um* corpo, sim. Mas não um *corpo sem vida.* O corpo *vivo* da mulher que ajudou o senhor, seus braços e pernas manchados de bronzeador, seu rosto escondido por um chapéu verde. Christine, a sua esposa (ou quem sabe ela não seja sua esposa... mas mesmo assim sua parceira), ajudando o senhor a cometer esse crime como ela o ajudou a cometer aquele crime no passado, quando ela "descobriu" o corpo de Alice Corrigan pelo menos vinte minutos antes de Alice Corrigan morrer... assassinada pelo marido, Edward Corrigan... o senhor!

Christine se manifestou. Sua voz era penetrante – fria. Ela disse:

– Tenha cuidado, Patrick, tente não perder a paciência.

Poirot disse:

– O senhor ficará interessado em saber que tanto o senhor quanto a sua esposa Christine foram facilmente reconhecidos e identificados pela polícia de Surrey num grupo de pessoas fotografadas aqui. Eles os identificaram no mesmo instante como Edward Corrigan e Christine Deverill, a jovem que encontrou o corpo.

Patrick Redfern se levantara. Seu rosto bonito estava transformado, inundado de sangue, cego de raiva. Era o rosto de um matador – de um tigre. Ele gritou:

– Seu vermezinho maldito, intrometido, espalhafatoso, asqueroso!

Ele projetou o corpo num pulo, seus dedos se alongando e se curvando, sua voz proferindo desvarios e xingamentos enquanto ele apertava seus dedos em volta do pescoço de Hercule Poirot...

# Capítulo XIII

## I

Poirot falou num tom reflexivo:

– Foi numa manhã em que estávamos sentados aqui fora que nós falamos sobre corpos bronzeados dispostos como carne numa laje, e foi então que eu refleti sobre a ínfima diferença que existia entre um corpo e outro. Se a gente olhasse de perto e com alguma avaliação, aí sim... Mas num olhar de relance? Uma mulher com formas moderadamente bem-feitas é muito parecida com qualquer outra. Duas pernas morenas, dois braços morenos, um pedacinho de traje de banho no meio... somente um corpo estendido no sol. Quando uma mulher caminha, quando ela fala, ri, move a cabeça, mexe uma mão... nesse caso, aí sim nós temos personalidade, individualidade. Mas no ritual do sol... aí não.

"Foi naquele dia que nós falamos sobre o mal... *o mal embaixo do sol*, nas palavras do sr. Lane. O sr. Lane é um homem muito sensível... o mal o afeta, ele percebe sua presença... entretanto, embora ele seja um bom instrumento de registro, ele de fato não sabia exatamente onde estava o mal. Para o sr. Lane, o mal estava concentrado na pessoa de Arlena Marshall, e praticamente todos os presentes concordaram com ele.

"No meu entender, porém, embora o mal estivesse presente, ele não estava centralizado em Arlena Marshall de maneira nenhuma. Estava relacionado a ela, sim, mas de um modo totalmente diferente. Eu a vi no primeiro, no último, em todos os momentos, como uma eterna e predestinada *vítima*. Porque ela era linda, porque ela tinha glamour, porque os homens viravam a cabeça para olhá-la, todos presumiam que a sra. Marshall fosse o tipo de mulher que arruinava vidas e destruía homens. Mas eu a via com olhos muito diferentes. Não era ela quem atraía fatalmente os homens... eram os homens que exerciam sobre ela uma atração fatal. Ela era o tipo de mulher que desperta o desejo dos homens com muita facilidade e que os cansa com a mesma facilidade. E tudo aquilo que me contaram ou que eu descobri sobre ela fortaleceu a minha convicção nesse ponto. A primeira coisa que foi mencionada sobre Arlena Marshall foi como o homem em cujo caso de divórcio ela tinha sido citada recusou-se a se casar com ela. Foi então que o capitão Marshall, um desses homens incuravelmente cavalheirescos, se apresentou e a pediu em casamento. Para um homem tímido e retraído como é o capitão Marshall, uma provação pública de qualquer tipo seria a pior das torturas... daí seu amor e sua piedade pela primeira esposa, que foi publicamente acusada e julgada por um assassinato que não cometera. Marshall se casou com ela e se viu amplamente justificado em sua avaliação quanto ao caráter dela. Depois da morte da primeira esposa, outra mulher belíssima, talvez algo do mesmo tipo (uma vez que Linda tem cabelos ruivos, os quais provavelmente herdou de sua mãe), se vê exposta à ignomínia pública. Outra vez Marshall executa um ato de socorro. Mas dessa vez ele encontra pouco para sustentar sua paixão inicial. Arlena é estúpida, indigna de sua simpatia ou sua proteção, insensata. Mesmo assim, creio que ele sempre teve uma visão razoavelmente verdadeira quanto a ela. Muito depois de ter deixado de amá-la e de ter começado a ficar irritado com a presença de Arlena, o capitão Marshall continuou sentindo pena dela. Para ele, era como se Arlena fosse uma criança que não consegue avançar além de determinada página no livro da vida.

"Eu identifiquei em Arlena Marshall, com sua paixão por homens, uma presa predestinada para um homem inescrupuloso. Em Patrick Redfern, com a beleza dele, com seus modos graciosos e confiantes, seu inegável charme aos olhos das mulheres, eu reconheci de imediato esse tipo. O aventureiro que ganha sua vida, de uma maneira ou de outra, explorando mulheres. Observando tudo do meu lugar na praia, tive plena certeza de que Arlena era a vítima de Patrick, e não o contrário. E associei o foco do mal a Patrick Redfern, não à sra. Marshall.

"Arlena recebera recentemente uma enorme soma de dinheiro, deixada para ela por um admirador idoso que não teve tempo de se cansar dela. Ela era o tipo de mulher que invariavelmente é defraudada em dinheiro por esse ou aquele homem. A srta. Brewster mencionou um jovem que tinha sido arruinado por Arlena, mas uma carta desse jovem, encontrada no quarto dela, embora expressasse um desejo (que não custa nada) de cobri-la com joias, na verdade *efetiva* reconhecia ter recebido um cheque *dela* por meio do qual esperava escapar de um processo. Um caso evidente de um jovem gastador parasitando a mulher. Não tenho nenhuma dúvida de que Patrick Redfern conseguiu com muita facilidade induzir Arlena Marshall a lhe dar grandes somas de tempos em tempos 'para investimento'. Ele provavelmente a deslumbrou com histórias de grandes oportunidades... de como ele faria uma fortuna para os dois. Mulheres desprotegidas, vivendo sozinhas, são presa fácil para esse tipo de homem... e o homem geralmente escapa impune com a pilhagem. No entanto, se existe um marido, um irmão ou um pai por perto, as coisas tendem a tomar um rumo desagradável para o golpista. Assim que o capitão Marshall descobrisse o que ocorrera com a fortuna de sua esposa, Patrick Redfern poderia esperar um revide instantâneo.

"Isso não o preocupou, no entanto, porque ele contemplava com a maior calma do mundo a ideia de acabar com ela quando julgasse necessário, encorajado por já ter se safado de um assassinato... o assassinato de uma jovem com quem se casara sob o nome Corrigan e que ele havia persuadido a fazer um seguro de vida numa enorme soma.

"Em seu planejamento ele foi ajudado e estimulado pela mulher que aqui na ilha se passou como esposa dele, pela qual ele era genuinamente afeiçoado. Uma mulher tão pouco semelhante ao padrão de suas vítimas quanto bem poderá ser imaginado... fria, calma, impassível, mas firmemente leal a ele, e uma atriz de habilidade nada irrisória. Desde o primeiro minuto de sua estada na ilha Christine Redfern desempenhou um papel, o papel de 'esposinha coitada'... frágil, desamparada, antes intelectual do que atlética. Pensem nos detalhes que criou, um depois do outro. Sua tendência de ficar com bolhas no sol e a consequente pele branca, sua tontura nas alturas... histórias sobre ficar presa na Catedral de Milão etc. Uma ênfase em sua fragilidade, em sua delicadeza... Quase todos se referiam a ela como a 'mulherzinha'. Ela era de fato tão alta quanto Arlena Marshall, mas com mãos e pés muito pequenos. Ela dizia ter sido professora de escola, e por isso enfatizava uma impressão de conhecimento livresco e falta de aptidão atlética. De fato é bem verdade que Christine trabalhara numa escola, mas o cargo que tinha lá era o de *professora de educação física*, e ela era uma jovem extremamente ativa, capaz de escalar como uma gata e de correr como uma atleta.

"O crime em si foi perfeitamente planejado e cronometrado. Tratou-se, como eu mencionei anteriormente, de um crime muito ardiloso. A cronometragem foi obra de gênio.

"Em primeiro lugar houve certas cenas preliminares, uma delas representada no recanto do rochedo, quando eles sabiam que eu estava ocupando o recanto ao lado... um diálogo convencional de esposa ciumenta, entre ela e o marido. Mais adiante ela interpretou o mesmo papel numa cena comigo. Lembro de ter tido, naquele momento, uma vaga sensação de que havia lido aquilo tudo num livro. Aquilo não parecia ser *real*. Porque, é claro, *não* era real. Então chegou o dia do crime. Era um dia de tempo bom, uma condição essencial. A primeira medida de Redfern foi sair de seu quarto furtivamente, bem cedo, pela porta da varanda, que ele destravou pelo lado de dentro (se ela fosse encontrada aberta, pensariam somente que ele tinha saído cedo para tomar um banho de mar). Sob o roupão de praia ele escondeu um chapéu chinês verde, uma duplicata do chapéu que Arlena costumava usar. Ele atravessou a ilha, furtivo, desceu a escada e ocultou o chapéu num lugar predeterminado, atrás de algumas rochas. Parte I.

"Na noite anterior ele combinara um rendez-vous com Arlena. Eles vinham sendo cautelosos quanto aos encontros, visto que Arlena estava um pouco temerosa em relação ao marido. Ela concordou em ir cedo até Pixy Cove pelo mar. Ninguém frequentava o lugar no período da manhã. Redfern iria encontrá-la na enseada, aproveitando a primeira chance de se esquivar despercebidamente. Se ela ouvisse qualquer pessoa descendo a escada, ou se um barco aparecesse à vista, ela deveria correr para dentro da caverna, cujo segredo Redfern lhe revelara, e esperar ali até que não houvesse mais ninguém nas proximidades. Parte II.

"Nesse meio-tempo, Christine foi até o quarto de Linda num momento em que, segundo ela julgava,

Linda teria saído para o seu primeiro mergulho matinal. Ela iria então alterar o relógio de Linda, avançando seu ponteiro em vinte minutos. Havia, é claro, o risco de que Linda pudesse notar que o relógio estava errado, mas, se ela notasse, isso não seria um grande problema. O verdadeiro álibi de Christine era o tamanho de suas mãos, sendo fisicamente impossível, para ela, ter cometido tal crime. Mesmo assim, um álibi adicional seria desejável. Tendo entrado no quarto de Linda, ela viu o livro sobre bruxaria e mágica, aberto em certa página. Ela leu o trecho; quando Linda entrou e deixou cair o embrulho com as velas ela se deu conta daquilo que Linda tinha em mente. Isso lhe abriu um novo leque de ideias. A ideia original do casal culpado tinha sido lançar uma razoável quantidade de suspeita sobre Kenneth Marshall, daí o cachimbo sumido, do qual um fragmento seria plantado na enseada embaixo da escada.

"Quando do retorno de Linda, Christine facilmente arranjou um passeio das duas para Gull Cove. Ela voltou então para o seu próprio quarto, tirou de uma mala trancada um frasco de bronzeador artificial, aplicou-o com grande cuidado e jogou o frasco vazio pela janela, por muito pouco não acertando Emily Brewster, que tomava seu banho de mar. Parte III concluída com êxito.

"Christine colocou então um maiô branco e vestiu por cima um traje longo de praia com calças e mangas folgadas, ocultando com eficácia os braços e as pernas que ela tinha acabado de bronzear.

"Às 10h15 Arlena partiu para o seu rendez-vous, uns dois minutos depois Patrick Redfern desceu e deixou transparecer surpresa, irritação etc. A tarefa de Christine era bastante fácil. Mantendo seu próprio relógio escondido, ela perguntou para Linda às 11h25 que horas eram. Linda olhou seu relógio e respondeu que eram 11h45. Ela então desce na direção do mar e

Christine arruma o seu material de desenho. Assim que Linda fica de costas para ela Christine pega o relógio da garota, necessariamente descartado antes do mergulho, e o altera de novo para o horário correto. Então percorre às pressas a trilha que sobe o penhasco, corre pela faixa estreita de terra e chega ao topo da escada, tira o traje longo, enfia sua caixa de desenho e o traje atrás de uma rocha e dispara em grande velocidade escada abaixo, no auge de seus poderes ginásticos.

"Arlena está na praia lá embaixo, tentando imaginar o motivo pelo qual Patrick estaria demorando tanto em aparecer. Ela enxerga ou ouve alguém na escada, espia com cautela e, para sua irritação, vê aquela pessoa inconveniente... a esposa! Ela sai correndo pela praia e entra em Pixy's Cave. Christine tira o chapéu do esconderijo, com um falso cacho ruivo fixado sob a parte de trás da aba, e se deita numa posição estendida, com o chapéu e o cacho tapando seu rosto e seu pescoço. A sincronia é perfeita. Uns dois minutos depois o barco com Patrick e Emily Brewster aparece na extremidade da enseada. Lembrem-se de que é *Patrick* quem se agacha para examinar o corpo, é *Patrick* quem fica atônito, chocado, arrasado com a morte de sua adorada! Sua testemunha foi cuidadosamente escolhida. A srta. Brewster não consegue enfrentar alturas muito bem, ela não irá tentar subir a escada. Ela sairá da enseada no barco, Patrick sendo naturalmente quem irá permanecer com o corpo, 'na possibilidade de que o assassino ainda esteja por perto'. A srta. Brewster sai remando para chamar a polícia.

"Christine, tão logo desaparece o barco, salta de pé, corta o chapéu em pequenos pedaços com a tesoura que Patrick teve o cuidado de trazer, enfia os pedaços dentro do maiô e dispara na subida da escada em velocidade dobrada, veste o seu traje longo de praia e corre de volta para o hotel. Ela chega bem a tempo de tomar um rápido banho de banheira, lavando a aplicação de bronzeador, e de colocar a roupa para jogar tênis. Ela faz ainda uma outra coisa. Ela queima os pedaços do chapéu verde e o cabelo na lareira de Linda, adicionando uma folha de calendário de modo que este pudesse ser associado à cartolina do chapéu. Não um *chapéu*, e sim um *calendário* foi queimado. Como ela tinha suspeitado, Linda andou fazendo experimentos com magia; a gota de cera e o alfinete dão mostras disso. Depois é só descer até a quadra de tênis, chegando por último mas não demonstrando nenhum sinal de agitação ou pressa. E nesse meio-tempo Patrick entrou na caverna. Arlena não viu nada e ouviu muito pouco... um barco... vozes... ela permaneceu escondida com a maior prudência. Mas agora Patrick está chamando. 'Tudo certo, querida', e ela sai, e as mãos dele se apertam em torno do pescoço dela... e esse é o fim da pobre Arlena Marshall, tão bela e tão tola..."

A voz de Poirot se extinguiu.

Por um momento houve silêncio, e então Rosamund Darnley disse com um pequeno estremecimento:

– Sim, o senhor nos faz ver o quadro todo. Mas essa é a história vista do outro lado. O senhor não nos contou como foi que *o senhor* conseguiu chegar à verdade.

Hercule Poirot disse:

– Eu já lhe disse numa ocasião que tenho uma mente muito simples. Sempre, desde o começo, me pareceu que *a pessoa mais óbvia* tinha matado Arlena Marshall. E a pessoa mais óbvia era Patrick Redfern. Ele era o modelo *par excellence*... o modelo do homem que explora mulheres como ela... e o modelo do matador... o tipo de homem capaz de roubar as economias de uma mulher e ainda por cima cortar a garganta dela. Quem Arlena Marshall iria encontrar naquela manhã? Por aquilo que seu rosto, seu sorriso, seus modos e suas palavras evidenciaram para mim... *Patrick Redfern.* Portanto, segundo a própria natureza das coisas, só podia ser Patrick Redfern quem a matara. Mas de pronto eu me deparei, como eu lhes disse, com uma impossibilidade. Patrick Redfern não poderia ter matado Arlena, uma vez que esteve na praia e na companhia da srta. Brewster até a efetiva descoberta do corpo. Então eu fui em busca de outras soluções... e havia diversas. Ela poderia ter sido assassinada pelo marido, com a conivência da srta. Darnley (estes dois também tinham mentido num ponto que parecia suspeito). Ela poderia ter sido assassinada como consequência de ter topado com o segredo do contrabando de drogas. Ela poderia ter sido assassinada, como eu já disse, por um fanático religioso, e poderia ter sido assassinada por sua enteada. Esta última me pareceu ser, em determinado momento, a verdadeira solução. O modo de agir de Linda em seu primeiro depoimento à polícia foi significativo. Uma conversa que tive com ela mais adiante me convenceu quanto a um ponto: Linda se considerava culpada.

– O senhor quer dizer que ela imaginava ter realmente matado Arlena?

A voz de Rosamund era incrédula.

Hercule Poirot assentiu com a cabeça.

– Sim. Lembre-se: Linda realmente é pouco mais do que uma criança. Ela leu aquele livro sobre bruxaria e de certo modo acreditou nele. Linda odiava Arlena. Ela deliberadamente moldou a boneca de cera, lançou seu feitiço, estocou a boneca no coração, derreteu-a... *e naquele mesmo dia Arlena morre.* Pessoas mais velhas e mais sábias do que Linda já chegaram a crer fervorosamente em magia. De maneira bastante natural, Linda acreditou que era tudo verdade... que recorrendo à magia ela tinha matado sua madrasta.

Rosamund exclamou:

– Ah, pobre criança, pobre criança! E eu pensei... eu imaginei... algo muito diferente... que ela tinha conhecimento de algo que ia...

Rosamund se calou. Poirot disse:

– Eu sei o que foi que a senhorita pensou. Na verdade, a sua reação assustou a garota mais ainda. Linda acreditou que seu feitiço realmente tinha causado a morte de Arlena e que a senhorita sabia disso. Christine Redfern também impressionou a garota, introduzindo em sua mente a ideia dos comprimidos para dormir, mostrando-lhe o caminho para uma rápida e indolor expiação de seu crime. Ora, uma vez que o capitão Marshall comprovara ter um álibi, era fundamental que um novo suspeito fosse encontrado. Nem ela e tampouco seu marido sabiam sobre o contrabando das drogas. Eles decidiram que Linda seria o bode expiatório.

Rosamund disse:

– Que demônio!

Poirot assentiu.

– Sim, a senhorita está certa. Uma mulher de sangue-frio, cruel. Quanto a mim, eu estava enfrentando uma grande dificuldade. Seria Linda culpada somente pela infantil investida na bruxaria, ou seu ódio a tinha levado ainda mais longe, a cometer o ato em si? Tentei fazer com que ela me confessasse algo. Mas não adiantou nada. Naquele momento eu me vi afundado em grande incerteza. O chefe de polícia estava inclinado a aceitar a explicação do contrabando de drogas. Eu poderia deixar por isso mesmo. Repassei os fatos com o maior cuidado. Eu tinha, veja bem, uma coleção de peças num jogo de quebra-cabeça, acontecimentos isolados... puros e simples fatos. O todo precisava formar um completo e harmonioso padrão. Havia a tesoura encontrada na praia; um frasco arremessado de uma janela; um banho de banheira que ninguém admitia ter tomado; tudo isso eram ocorrências perfeitamente inofensivas em si mesmas, mas tornadas relevantes pelo fato de que ninguém as admitia. Portanto, elas *precisavam* ser de alguma relevância. Nada no tocante a elas encaixava-se com as teorias que culpavam o capitão Marshall ou Linda, ou com a hipótese de que uma gangue de traficantes fosse responsável. E no entanto elas *precisavam* ter algum significado. Eu recuei de novo até a minha primeira solução, segundo a qual Patrick Redfern cometera o assassinato. Existia qualquer coisa que sustentasse isso? Sim, o fato de que uma enorme soma de dinheiro tinha sumido da conta de Arlena. Quem havia recebido esse dinheiro? Patrick Redfern, é claro. Ela era o tipo de mulher que costuma ser facilmente enganada por um jovem bonito... mas não era de modo algum o tipo de mulher para ser chantageada. Ela era transparente demais, não era muito boa em guardar um segredo. A história do chantagista não tinha soado como verdadeira no meu entender. E no entanto *havia* ocorrido aquela conversa ouvida por acidente... ah, mas quem foi que a ouviu? *A esposa de Patrick Redfern.* Era uma história dela... desprovida de qualquer evidência exterior. Por que razão essa história foi inventada? A resposta me veio como um relâmpago: para explicar o sumiço do dinheiro de Arlena!

"Patrick e Christine Redfern. Os dois estavam envolvidos naquilo juntos. Christine não tinha a força física necessária para estrangular Arlena ou uma constituição mental para tanto. Não, era Patrick Redfern quem tinha feito aquilo... mas isso era impossível! Cada minuto de seu tempo tinha justificação até o momento em que o corpo foi encontrado.

"Corpo... a palavra 'corpo' agitou alguma coisa na minha mente... corpos deitados na praia... *todos iguais.* Patrick Redfern e Emily Brewster haviam chegado à enseada e visto um *corpo* deitado ali. Um corpo... e supondo-se que não fosse o corpo de Arlena, e sim o corpo de outra pessoa? O rosto estava escondido pelo grande chapéu chinês. Mas *havia* um único corpo sem vida, o de Arlena. Então, seria possível que fosse... um corpo *vivo*, alguém fingindo estar morto? Seria possível que fosse a própria Arlena, incentivada por Patrick a participar de alguma espécie de jogo? Eu balancei a cabeça... não, arriscado demais. Um corpo vivo... de quem? Havia alguma mulher que quisesse ajudar Redfern? É claro... sua esposa. Mas ela era uma delicada criatura com pele branca. Sim, mas um bronzeamento pode ser aplicado com esses frascos... frascos... um frasco... eu ganhava uma peça para o meu quebra-cabeça. Sim, e depois, é claro, um banho de banheira, para lavar aquelas manchas delatoras antes que ela saísse para jogar tênis. E as tesouras? Ora: para cortar em pedaços aquela duplicata de chapéu, uma coisa volumosa que precisava ser tirada de vista... E na precipitação a tesoura foi deixada para trás, a única coisa que o casal assassino esqueceu.

"Mas onde estava Arlena durante esse tempo todo? Isso, mais uma vez, era perfeitamente claro. Ou Rosamund Darnley ou Arlena Marshall, uma das duas havia entrado em Pixy's Cave, o perfume que ambas usavam me revelou isso. Certamente não tinha sido Rosamund Darnley. Então tinha sido Arlena, escondendo-se até que não restasse ninguém nas proximidades. Quando Emily Brewster se afastou no barco, Patrick teve liberdade para fazer o que bem entendesse na praia e ampla oportunidade para cometer o crime. Arlena Marshall foi assassinada depois das 11h45, mas a investigação médica só estava preocupada com o primeiro minuto a partir do qual o crime poderia ter sido cometido. Que Arlena estava morta às 11h45 foi o que foi dito ao médico, não o que ele disse à polícia.

"Outros dois pontos precisavam ser resolvidos. O depoimento de Linda Marshall providenciou um álibi para Christine Redfern. Sim, mas esse álibi dependia do relógio de pulso de Linda Marshall. Era preciso provar somente que Christine tivera duas oportunidades para mexer no relógio. Eu as encontrei com bastante facilidade. Ela estivera sozinha no quarto de Linda naquela manhã... e havia uma prova indireta. Linda foi ouvida dizendo que 'temia estar atrasada', mas quando ela desceu eram somente 10h25 no relógio do saguão. A segunda oportunidade era fácil: ela pôde alterar o relógio de novo assim que Linda lhe deu as costas e desceu à praia para mergulhar.

"Havia depois a questão da escada. Christine afirmava o tempo todo que tinha pavor de altura. Outra mentira cuidadosamente preparada. Eu tinha o meu mosaico agora. Todas as pessoas estavam magnificamente encaixadas no lugar. Infelizmente, porém, eu não tinha nenhuma prova concreta. Estava tudo na minha mente.

"Foi então que uma ideia me ocorreu. Havia uma firmeza, uma qualidade ardilosa no tocante ao crime. Eu não tinha nenhuma dúvida de que Patrick Redfern iria repetir seu crime no futuro. E quanto ao passado? Era remotamente possível que aquele não fosse o seu primeiro assassinato. O método empregado, o estrangulamento, era condizente com a natureza de Redfern... um matador tanto por prazer quanto por lucro. Se ele já era um assassino, eu estava seguro de que ele já teria usado aquele mesmo procedimento. Eu pedi ao inspetor Colgate uma lista de mulheres que tivessem sido vítimas de estrangulamento. O resultado me encheu de alegria. A morte de Nellie Parsons, encontrada estrangulada num matagal solitário, poderia ser e poderia não ser obra de Patrick Redfern, poderia ter apenas sugerido uma escolha de local para ele... mas na morte de Alice Corrigan eu encontrei exatamente aquilo que eu estava procurando. Na essência era o mesmo método. Malabarismos com o tempo: um assassinato cometido não, como é normal acontecer, *antes* do momento suposto, mas sim *depois*. Um corpo supostamente descoberto às 16h15. Um marido com um álibi até as 16h25. O que teria realmente acontecido? Ficou dito que Edward Corrigan chegou ao Pine Ridge, constatou que sua esposa não tinha chegado e então saiu e *ficou andando para lá e para cá*. Na verdade, é claro, ele correu a toda velocidade para o encontro marcado, em Caesar's Grove (um local, vocês irão recordar, situado nas proximidades), matou a esposa e voltou para o café. A jovem que relatou o crime era uma pessoa muitíssimo respeitada, professora de educação física em uma conhecida escola de meninas. Aparentemente não tinha nenhuma conexão com Edward Corrigan. Ela teve de andar uma certa distância para relatar a morte. O legista só examinou o corpo às quinze para as seis. Como no caso atual, a hora da morte foi aceita sem questionamento...

"Eu fiz um último teste. Eu precisava saber definitivamente se a sra. Redfern era uma mentirosa. Organizei a nossa pequena excursão para Dartmoor. Quando uma pessoa tem pavor de altura, ela nunca se sente confortável atravessando uma ponte estreita sobre um rio em movimento. A srta. Brewster, sofredora genuína, deu sinais de tontura. Mas Christine Redfern, despreocupada, fez a travessia correndo e sem a menor vertigem. Era um detalhe pequeno, mas foi um teste definitivo. Se ela contara uma mentira desnecessária, então todas as outras mentiras eram possíveis. Nesse meio-tempo Colgate havia obtido a identificação da fotografia por parte da polícia de Surrey. Eu dei a minha cartada no único modo que julguei ser passível de êxito. Tendo transmitido a Patrick Redfern uma sensação de segurança, fiz uma investida contra ele, tentando ao máximo fazer com que ele perdesse o autocontrole. A informação de que ele tinha sido identificado como Corrigan o levou a perder completamente a cabeça."

Hercule Poirot esfregou seu pescoço, recordando.

– O que eu fiz – ele disse com muita seriedade – foi extremamente perigoso... mas não me arrependo. Consegui! Não sofri em vão.

Houve um momento de silêncio. Então a sra. Gardener deixou escapar um profundo suspiro.

– Ora, Monsieur Poirot – ela disse. – Foi simplesmente uma coisa mais do que maravilhosa ouvir de que maneira, com a maior exatidão, o senhor obteve os seus resultados. Nos mais mínimos aspectos, é tão fascinante quanto uma aula sobre criminologia... Na verdade, *é* uma aula sobre criminologia. E pensar que a minha lã magenta e aquela conversa sobre tomar banho de sol tiveram, de fato, algo a ver com isso tudo! Não tenho palavras para descrever o quanto isso realmente me deixa empolgada, e eu tenho certeza de que o sr. Gardener sente a mesma coisa, não é verdade, Odell?

– Sim, querida – disse o sr. Gardener.

Hercule Poirot falou:

– O sr. Gardener também me prestou auxílio. Eu queria ouvir a opinião de um homem sensato a respeito da sra. Marshall. Perguntei ao sr. Gardener o que ele pensava sobre ela.

– Não diga... – falou a sra. Gardener. – E o que foi que você disse a respeito dela, Odell?

O sr. Gardener tossiu. Ele disse:

– Bem, querida, eu nunca cheguei a ter uma opinião favorável a respeito dela, você sabe...

– Esse é o tipo de coisa que os homens sempre dizem para suas esposas – falou a sra. Gardener. – E se vocês quiserem saber o que eu acho, até o nosso Monsieur Poirot aqui demonstra o que eu posso definir como um nadinha de indulgência em relação a ela, chamando-a de "natural vítima" e tudo mais. É claro, é verdade que ela não era uma mulher nem um pouco culta, e, visto que o capitão Marshall não está aqui, não me importo de dizer que ela sempre me pareceu, de fato, meio burra. Eu disse isso ao sr. Gardener, não é mesmo, Odell?

– Sim, querida – disse o sr. Gardener.

## II

Linda Marshall estava sentada com Hercule Poirot em Gull Cove.

Ela disse:

– É claro que eu fico feliz por não ter morrido no fim das contas. Mas veja bem, Monsieur Poirot, é como se eu tivesse matado ela mesmo, não é? Era o que eu queria.

Hercule Poirot retrucou energicamente:

– Não é nem de longe a mesma coisa. O desejo de matar e o ato de matar são duas coisas diferentes. Se no seu quarto, em vez de manipular uma pequena figura de cera, a senhorita tivesse amarrado a sua madrasta, sem lhe dar chance de defesa, com um punhal na mão em vez de um alfinete, a senhorita não o teria enterrado no coração dela! Algo no seu íntimo teria dito "não". Ocorre o mesmo comigo. Eu fico enfurecido com um imbecil. Eu digo: "Bem que eu gostaria de dar um chute nele". Em vez disso eu chuto a mesa. Eu digo: "Esta mesa é o imbecil, ela merece um chute". E aí, se eu não machuquei demais os dedos do pé, eu me sinto muito melhor, e a mesa geralmente não é danificada. Se o próprio imbecil estivesse na minha frente, no entanto, eu não o chutaria. Fazer as figuras de cera e cravar os alfinetes, isso é tolo, sim, isso é infantil, sim... mas também gera um efeito proveitoso. A senhorita tirou o ódio de dentro de si e o colocou naquela pequena figura. E com o alfinete e com o fogo a senhorita destruiu não a sua madrasta, mas sim o ódio que sentia por ela. Em seguida, até mesmo antes de ficar sabendo da morte dela, a senhorita se sentiu purificada, não foi? Se sentiu mais leve, mais feliz?

Linda concordou com a cabeça. Ela disse:

– Como é que o senhor sabia? Foi bem assim que eu me senti.

Poirot disse:

– Então não repita consigo essas imbecilidades. Apenas tente se convencer a não odiar a sua próxima madrasta.

Linda retrucou, sobressaltada:

– O senhor acha que eu vou ter outra? Ah, já entendi, o senhor está se referindo a Rosamund. Não vejo nenhum problema nela. – Linda hesitou por alguns instantes. – Ela é *sensata*.

Não era o adjetivo que o próprio Poirot teria escolhido para Rosamund Darnley, mas ele compreendeu que, na visão de Linda, tratava-se de um grande elogio.

## III

Kenneth Marshall disse:

– Rosamund, como foi que você meteu na cabeça essa ideia extraordinária de que eu tinha matado Arlena...

Rosamund pareceu estar um tanto envergonhada. Ela disse:

– Acho que eu fui uma tremenda idiota.

– É claro que você foi.

– Sim, Ken, mas é que você é pior do que uma ostra. Eu não tinha como saber o que você realmente sentia por Arlena. Eu não sabia se você aceitava Arlena como ela era, e simplesmente era o homem mais decente do mundo em relação a ela, ou se você... bem, se você acreditava cegamente nela. E eu achei que, se fosse esse o caso, e se você de repente descobrisse que Arlena estava fazendo algo pelas suas costas, você poderia enlouquecer de raiva. Eu já ouvi histórias a seu respeito. Você está sempre muito calmo, mas pode ser um tanto assustador às vezes.

– Então você imaginou que eu simplesmente tinha segurado Arlena pelo pescoço e apertado até acabar com a vida dela?

– Bem... sim... isso é exatamente o que eu de fato pensei. E o seu álibi parecia um pouquinho frágil. Foi quando eu subitamente decidi lhe dar uma mão e inventei aquela história idiota sobre ver você datilografando no seu quarto. E quando eu soube que você tinha dito que me vira dando uma espiada... bem, isso me fez ter uma forte certeza de que você tinha matado a sua mulher. Isso e a esquisitice de Linda.

Kenneth Marshall disse com um suspiro:

– Você não percebe que eu declarei ter visto você no espelho para corroborar a *sua* história? Eu... eu pensei que você precisava ter a sua versão confirmada.

Rosamund o encarou.

– Você não está querendo dizer que pensou que eu tivesse matado a sua mulher?

Kenneth Marshall mudou de posição, inquieto. Ele resmungou:

– Que diabo, Rosamund, você não se lembra de quase ter matado aquele garoto por causa daquele cachorro? De como você se pendurou no pescoço do garoto e não quis largar?

– Mas isso foi muitos anos atrás.

– Sim, eu sei...

Rosamund disse com rispidez:

– Que motivo eu teria nesta vida para matar Arlena?

O olhar de Kenneth Marshall se desviou. Ele resmungou alguma coisa de novo.

Rosamund exclamou:

– Ken, seu tremendo convencido! Você pensou que eu tivesse matado Arlena por altruísmo em seu benefício, é isso? Ou... ou você pensou que eu a tivesse matado porque eu queria você para mim?

– Nada disso – falou Kenneth Marshall, indignado. – Mas você lembra o que me disse naquele dia... sobre Linda e tudo mais... e... e você pareceu se importar com o que pudesse me acontecer.

Rosamund disse:

– Eu sempre me importei com isso.

– Eu acredito que sim. Ouça, Rosamund... eu não costumo conseguir falar sobre as coisas... não sou muito bom em me expressar... mas eu gostaria de esclarecer uma coisa. Eu não gostava de Arlena... só gostei um pouco no começo... e viver com ela dia após dia era um negócio bem enervante. Na verdade era um absoluto inferno, mas eu *sentia* mesmo muita pena dela. Arlena era uma tola tão irremediável... louca por homens... ela simplesmente não conseguia evitar... e os homens sempre a enganavam e a tratavam como um lixo. Eu apenas sentia que não podia ser aquele que lhe daria o empurrão final. Eu tinha me casado com ela, e era responsabilidade minha cuidar dela da melhor maneira possível. Eu acho que ela sabia disso e era realmente grata. Arlena era... Arlena era uma espécie de criatura patética, na verdade.

Rosamund disse com delicadeza:

– Tudo bem, Ken. Eu entendo agora.

Sem olhar para ela, Kenneth Marshall cuidadosamente encheu o cachimbo. Ele resmungou:

– Você... você é bem boa em entender as coisas, Rosamund.

Um leve sorriso curvou a boca irônica de Rosamund. Ela disse:

– Você vai me pedir em casamento agora, Ken, ou está decidido a esperar seis meses?

O cachimbo de Kenneth Marshall escapou de seus lábios e se despedaçou nas rochas abaixo.

Ele disse:

– Que droga, esse é o segundo cachimbo que eu perco aqui. E não tenho outro comigo. Como foi que você adivinhou que eu tinha fixado seis meses como um tempo adequado?

– Acho que foi porque esse *é* o tempo adequado. Mas eu prefiro ter algo definido agora, por favor. Porque nos meses que vão se passar até lá você pode acabar topando com outra mulher perseguida e sair correndo em socorro dela numa nova façanha cavalheiresca.

Ele riu.

– Você vai ser a dama perseguida desta vez, Rosamund. Você vai abandonar esse seu maldito negócio de confecção de roupas e nós vamos morar no campo.

– Você não sabe que eu ganho uma belíssima renda com o meu negócio? Você não percebe que esse é o *meu* negócio... que eu criei e desenvolvi tudo, que eu tenho muito orgulho disso? E você tem coragem de chegar e me dizer "Abandone tudo, querida"?

– Tenho coragem de dizer isso, sim.

– E você acha que eu gosto de você o bastante para fazer isso?

– Se você não gostasse – disse Kenneth Marshall –, você não iria servir para mim.

Rosamund disse com suavidade:

– Ah, meu querido, a vida toda eu quis morar no campo com você. Agora isso vai se tornar realidade...

FIM

## Série Agatha Christie na Coleção L&PM POCKET

*O homem do terno marrom*
*O segredo de Chimneys*
*O mistério dos sete relógios*
*O misterioso sr. Quin*
*O mistério Sittaford*
*O cão da morte*
*Por que não pediram a Evans?*
*O detetive Parker Pyne*
*É fácil matar*
*Hora Zero*
*E no final a morte*
*Um brinde de cianureto*
*Testemunha de acusação e outras histórias*
*A Casa Torta*
*Aventura em Bagdá*
*Um destino ignorado*
*A teia da aranha (com Charles Osborne)*
*Punição para a inocência*
*O Cavalo Amarelo*
*Noite sem fim*
*Passageiro para Frankfurt*
*A mina de ouro e outras histórias*

MISTÉRIOS DE HERCULE POIROT

*Os Quatro Grandes*
*O mistério do Trem Azul*
*A Casa do Penhasco*
*Treze à mesa*
*Assassinato no Expresso Oriente*
*Tragédia em três atos*
*Morte nas nuvens*
*Os crimes ABC*
*Morte na Mesopotâmia*
*Cartas na mesa*
*Assassinato no beco*
*Poirot perde uma cliente*
*Morte no Nilo*
*Encontro com a morte*
*O Natal de Poirot*
*Cipreste triste*
*Uma dose mortal*
*Morte na praia*
*A Mansão Hollow*
*Os trabalhos de Hércules*
*Seguindo a correnteza*
*A morte da sra. McGinty*
*Depois do funeral*
*Morte na rua Hickory*
*A extravagância do morto*
*Um gato entre os pombos*
*A aventura do pudim de Natal*
*A terceira moça*
*A noite das bruxas*
*Os elefantes não esquecem*
*Os primeiros casos de Poirot*
*Cai o pano: o último caso de Poirot*
*Poirot e o mistério da arca espanhola e outras histórias*
*Poirot sempre espera e outras histórias*

MISTÉRIOS DE MISS MARPLE

*Assassinato na casa do pastor*
*Os treze problemas*
*Um corpo na biblioteca*
*A mão misteriosa*
*Convite para um homicídio*
*Um passe de mágica*
*Um punhado de centeio*
*Testemunha ocular do crime*
*A maldição do espelho*
*Mistério no Caribe*
*O caso do Hotel Bertram*
*Nêmesis*
*Um crime adormecido*
*Os últimos casos de Miss Marple*

MISTÉRIOS DE TOMMY & TUPPENCE

*Sócios no crime*
*M ou N?*
*Um pressentimento funesto*
*Portal do destino*

ROMANCES DE MARY WESTMACOTT

*Entre dois amores*
*Retrato inacabado*
*Ausência na primavera*
*O conflito*
*Filha é filha*
*O fardo*

TEATRO

*Akhenaton*
*Testemunha de acusação e outras peças*
*E não sobrou nenhum e outras peças*